終活のリアル

どうしてあの人はエンディングノートを書くのか

NPO法人 ら・し・さ 著

一般社団法人 金融財政事情研究会

はじめに

ＮＰＯ法人ら・し・さが、「ラスト・プランニングノート」を発行した２００４年当時は、「エンディングノート」イコール「お葬式ノート」あるいは、「遺言ノート」とみなされていて、縁起でもないと忌み嫌う人もいました。

それから10年が過ぎ、エンディングノートは終活という言葉とともに、一種のブームとなっています。ラスト・プランニングノートをベースに２０１１年に作成した「家族も安心『自分』の引継ぎノート」（株）きんざい発行）も、多くの方にご愛用いただいておりま す。時代の流れによって、「お金や死」がタブー視されなくなったことに加え、終活やノートを書くということが、これからの人生を自分らしく生きていくために必要なことと認識されてきたことも、ブームの要因と考えています。

人の一生には、いろいろな出来事が起こり、多くの人や物、権利・義務がかかわってきます。ノートには、過去から現在までの自分を中心にした人間関係や履歴、財産、債務などの「情報」と、自分の意思を伝えられなくなったときに備えて「希望・意思・メッセージ」を書いておく欄があります。

これらをノートに書いておくことで、自分の情報や希望などをほかの人に伝えることができます。さらに、実際に書いてみた方からは、自分の人生を振り返り今後を考えるきっかけになったという感想もいただいています。

最近では、20代や30代でエンディングノートに興味を示す方も増えています。入院や手術に備えて、非常時や災害時の持ち出し用として、自分自身の備忘録として、人生の節目にと、若い方でも、さまざまな場面でノートを活用できることが理解されてきたからだと思います。

本書では、終活やノートにまつわるさまざまな事例や役立つ情報を取り上げています。NPO法人ら・し・さのメンバーが実際に体験し、見聞きした事例を読んでいただくことで、終活の必要性やノート活用のヒントをつかんでいただけるはずです。

この書が皆さまのお役に立つことを、メンバー一同、願っております。

本書を刊行するにあたり、貴重なアドバイスをいただきました小沢・秋山法律事務所の香月裕爾弁護士に、この場を借りて、御礼申し上げます。

執筆者を代表して

NPO法人ら・し・さ副理事長　**山田静江**

目次

目次

第4章　後見・相続

目次

◆本文中に記載されている個人名・団体名・商品名等は仮名であり、実在するものとはいっさい関係ありません。

序章

希望をかなえるためのノート

エンディングノートを書くことの、もっと大きな効用は、「自分の希望をかなえることができる」ということです。たとえば、事例❶では、ノートに書いてある太郎さんの情報や希望が「親族」に伝わることで、希望どおりのお葬式が行われ、スムーズに財産処分や形見分けをすることができました。何も記録がなければ、太郎さんの気持ちは誰にもわからなかったはずです。

病状が進んで書くことがむずかしい状態のときや、文字を書くのが苦手という人なら、子供などが本人のかわりに書いてあげてもいいですね。事例❷では、父親が亡くなる前に、大切な人に会わせてあげることができました。また父親にとって、自分の人間関係を息子に引き継げたことは、どれほど嬉しかったことでしょう。

事例❸や❹では、ノートを書いたことがきっかけとなり、自分がやり残したことに気がつきました。人生の後半期では、「やってしまったこと」より「やらなかったこと」を後悔するそうです。ノートは悔いのない人生を送るための手助けともなります。

さらに高齢などにより、「自分の意思を伝えることが困難になった」とき、エンディングノートは、本人の情報伝達ツールとなって、その人の暮らしを支えることができます。

■成年後見制度を利用するときに役立つ

認知症などによって判断能力が衰えた方が、訪問販売で物を大量に売りつけられたり、不要なリフォームなどの契約をさせられるといった事件が後を絶ちません。また、親族が本人の通帳と印鑑を管理するふりをして預貯金や年金等を使い込んだり、不動産等を勝手に売買してしまうケースもあります。

このような不幸を防ぐための方法として、判断能力が衰えた方の権利を守る**成年後見制度**があります。成年後見人は被後見人（以下、「本人」といいます）の心身の状態や生活状況に注意深く配慮し、本人の意思を尊重して日常生活に反映させなければなりません。

成年後見人は、支援する方の人柄やこれまでの生活のようすなどについて、ある程度の理解が必要です。しかし、**本人の意思については、親子や夫婦間でもわからないものです。**また司法書士などの第三者が成年後見人となる場合には、その方のことをまったく知らないことがほとんどです。

成年後見制度

家庭裁判所から選ばれた成年後見人が、被後見人を法律面から支援する制度。成年後見人は、本人の生活や療養が問題なく送れるように支援し、またこれらにまつわる財産の管理を行う。

成年後見人が「本人の代弁者」になるためには、「その人を知る」ことから始めなければなりません。もしその方がエンディングノートを準備していて、自分の生い立ちや経歴、生活のようす、好きなもの、趣味などが書かれていれば、その方への理解が深まります。また本人の希望が書かれていれば、その方の意に沿った支援や判断（契約）を行うことにもつながります。

成年後見制度の申立て書類に記入する事項は、ノートの記入項目と重なる部分がありますので、ノートがあれば手続もスムーズに行えます。

■高齢者入居施設を利用するときに役立つ

介護が必要になり自宅での生活がむずかしくなったときに、介護付き有料老人ホームやグループホーム、特別養護老人ホームなどの高齢者施設を利用する方が増えています。

施設で働いている方にうかがったところ、入居者の多くには認知症の症状がみられますが、その方の生きてきた背景や好き嫌いがわかると介護しやすくなるそうです。ですから、施設入居の際に、若い頃の思い出や好きな食べもの、よく行った場所などが書かれたエンディングノートを預けることによって、担当スタッフは本人を理解し、より良い介護ができるようになります。

認知症の場合、直近の自分の行動は忘れても、過去の出来事は鮮明に思い出すことができ、それによって心の穏やかさを保てるといわれています。担当スタッフは、ノートに書かれた内容について本人と話をすることで、心通じる良き話し相手になることができるでしょう。

ノートにすべてを記入する必要はありません。生い立ちや思い出だけでも書かれていると「その人を知る」ための一助となります。

このようにエンディングノートは、本人亡き後の各種手続に役立つだけではなく、残りの人生を自分らしく生きていくためにも大切な記録となるのです。

事例❶ 甥に託したエンディングノート

太郎さん（73歳）は定年退職した後、農業を楽しみながら妻の花子さん（69歳）と穏やかに暮らしていました。この夫婦に子供はいませんでした。

ある日、以前から心臓に持病を抱えていた花子さんが、畑作業の最中に心臓発作を起こして救急搬送されましたが、看病の甲斐もなく亡くなってしまいました。

それまで、家事いっさいを花子さんに任せていた太郎さんは、病院へ着替えを届けるときも葬式のときも、家のなかの探し物が見つからず、苦労しました。なんとか親せきや地域のみなさんの協力を得て、妻・花子さんの葬式を出すことができました。

ところが、花子さんの急死から1カ月半後、今度は太郎さんが交通事故で急死してしまったのです。親族が、家主不在の家で、葬式の準備に必要なものを探していると、茶ダンスの上にあるエンディングノートを見つけました。そこには財産に関することのほか、葬式の希望も詳細に書かれており、親族はその内容を尊重して無事に葬式をすませました。

妻の死からたった1カ月半という短い期間で、なぜエンディングノートの記入ができたのでしょうか。それは妻の葬式に参列した知り合いから手渡された、一冊のノートとの出会いでした。妻の入院、葬式で困ったことを思い起こし、書き残しておくことの必要性を身にしみて感じた太郎さんは、早速そのノートを書き始めたのです。後継者のいない自分に万一のことがあったときに、お世話になる人に何を伝え、何を残すべきかを考え、すぐに次のようなことを記入しました。

自分の葬式に関しては、

① 子供がいないため、自分の葬式の喪主に甥の昭さん（43歳）を指名し、事前に葬儀費用300万円を預ける
② 戒名は20万円。葬式は質素に
③ 参列者へのお料理の仕出し料理店の指名・返礼品の指定
④ 葬式のお手伝いをお願いする地域の人へのお礼
⑤ 甥の昭さんの相談役を◯◯さんに依頼

など

その他ノートに書かれていた内容は次のとおりです。

【親せき・友人・知人の名簿】自分との関係・死亡時の連絡の要・不要
【預貯金】口座番号とその口座の用途と残金の使い道
【借　金】借入れはゼロ。以前購入した各農機具の購入日と代金支払完了日
【農機具】希望者がいたら譲渡したい
【不動産】土地坪数、手書きの境界線の位置図、井戸の廃止日と廃止作業を行った業者名
【その他の資産】家の見取り図に形見分けする物の保管場所、それ以外の家財は処分希望

太郎さんはノートの存在を甥の昭さんに話していましたが、保管場所までは知らせていませんでした。しかし、太郎さんが亡くなった後、昭さんが家に入ると、居間の茶ダンスの上に、茶封筒に入ったノートが置かれていました。昭さんは、親族にそのノートをみせて、太郎さんの意思をみんなで確認し合いました。

家のなかをみてみると、浴室の脱衣所に置いてあった整理ダンスには寝巻・下着・ズボンなどタンスの引き出しごとにシールが貼られて中身が一目でわかるように整理整頓されていました。これは、花子さんが救急搬送された時に、着替えや葬式の衣装探しに苦労したことを教訓に太郎さんが、万一の時にお世話になる親せきが困らないようにとの配慮からの行動でした。それだけではなく、大きな白紙に家の見取り図を書き、どこに何を

保管しているか、誰にどれを形見分けしたいかまで、詳細に書き込まれていました。

貯金通帳・保険証書・年金証書・健康保険証・有価証券・キャッシュカード・不動産の権利書などの重要書類はまとめて1カ所に保管されており、事後処理を任された昭さんにとっては探す手間が省け大助かりでした。

ほかにも、戸籍謄本5通、委任状5通、印鑑証明書5通が実印とともにクリアケースに入っており、太郎さんの人柄を現すような丁寧な準備がなされていたそうです。


しかし、親せきのなかにはノートの記載内容に異議を唱える者が出たり、偽造だと昭さんに掴みかかった者もいたそうです。太郎さんには配偶者も子も親もいないので、相続人は太郎さんの兄弟姉妹（すでに亡くなっている）の子、すなわち甥や姪でした。昭さんは、太郎さんの姉の長男で甥にあたります。

複数いる相続人はもちろん、部外者からの口出しも考えられるので、昭さんは知人に相談して、弁護士を紹介してもらいました。**エンディングノートは、法的な拘束力はありません**が、本人の意思を反映するものですから、ノートが太郎さんの書いたものであることを明らかにすることが重要だと考えたのです。

弁護士は、几帳面な太郎さんが、毎日書き続けていた農業日誌の筆跡とノートの筆跡を簡易鑑定して、ノートは太郎さんの筆跡であり、またその内容も、太郎さんの意思を表したものであることを親族に伝えてくれました。

その結果法定相続人の同意も得られ、手続もスムーズに進みました。

太郎さんの住宅は集落の中心に位置し、通りに面した平屋建てで使い勝手がいいということで、自治体が地域のコミュニティセンターとして借り上げることになったそうです。

最近、エンディングノートの認知度はあがってきましたが、実際に記入している人はどのくらいいるのでしょうか？

入手すると、それだけで安心してなかなか記入しない人もいますが、それでは家族や知人に自分の気持ちは何も伝わりません。できれば、健康で平常心が保たれているときに少しずつ、ゆっくり記入するといいです。

時間の経過とともに、自分を取り巻く環境は変化し、資産状況・健康状態・交友関係なども変わってきますので、何年かに一度は内容を書き直して、常に自分の最新情報や思いを記入しておくことをお勧めします。そして、エンディングノートの存在を知らせることが重要です。

またエンディングノートは、災害時の持ち出し品として準備しておくと便利です。知人・保険会社・銀行などへの連絡がスムーズにできますから、きっとあなたを守ってくれます。

ぜひ、有効に活用していただきたいと思います。

事例❷ 父親のエンディングノートを書くということ

■3月30日 「エンディングノートの書き方セミナー」に参加

太田俊史さん（43歳）は、悪性リンパ腫で入院中の父親（睦夫さん74才）を看病しているうちに、「自分だっていつ何が起きるかわからない、そろそろいろんなことを考えておかなければ……」と思い始めました。そんなときに知人から「エンディングノートの書き方セミナー」を紹介され、3月30日に参加しました。エンディングノートの「親せき・友人・知人の名簿」の頁に、「もしもの時、必ず連絡してほしい人には◎をつけましょう」と書いてあるのをみたとき、ハッとしました。父親の睦夫さんは賑やかなことが好きで、お見舞いの人が来ると喜び、活力をもらって元気になることを思い出したのです。「名簿をつくり、もしもの時でなく、生きているうちに懐かしい人に会わせてあげよう、このノートはお父さんのかわりに自分が書こう」と思いついたのです。父親の命があまり長くはない、と感じていた俊史さんは早速ノート作成に取りかかりますが、なにしろ時間がないので、書けるところ、聞いておきたいところから書くことにしました。

俊史さんが最初に書き始めたのは「親せき・友人・知人の名簿」です。親せきは住所録を探せばすぐにわかりましたが、事業をしていた睦夫さんの仕事関係者は、母親に聞いてもわかりません。俊史さんと同業でもあるので、仕事の話にかこつけて聞いてみると、「○○さんはこの業界のことならなんでも知っているから、わからないことがあったら聞けばいい」「△△さんは面倒見のいい人だから、困ったことがあったら相談に行くといい。お前のことはよく話していたから」などと話してくれました。仕事仲間や友人の名前を聞いては、年賀状などで連絡先を調べてノートに書いていきました。

4月9日、主治医から余命3週間、と告げられました。もう時間がありません。俊史さんは、睦夫さんの友達や兄弟、姉妹に連絡して、余命を知らされていない睦夫さんに悟られないように、順番にさりげなくお見舞いに来てもらうようお願いしました。

11人兄弟姉妹の末子の睦夫さんは、お兄さんやお姉さんと会うと子供時代に返ったように、少し甘えて話します。遠方からお見舞いに来てくれた高校時代の友人に、「元気になったら、また飲みに行こうや」と励まされ、また飲める日が来ることを心のどこかで祈っているようでした。睦夫さんは、昔からの友人やお兄さんたちに会えたことがよほど嬉しかったのか、少し元気を取り戻したようです。

■5月16日　睦夫さん逝去

4月22日、一時は危篤に陥った睦夫さんですが、なんとか持ち直し、お見舞いに来てくれた人と少し話ができるまでに回復しました。しかし、看病もむなしく5月16日、「お母さんと靖男（長男）と俊史と3人で、喧嘩をしないで仲良くして暮らしてくれ」と最後に言い残して、睦夫さんは亡くなりました。

実は睦夫さんは常々「葬式なんてしなくてもいい。家族だけでひっそりと見送ってくれたらいい。戒名もいらん」といっていました。しかし、懐かしい人に会えたせいでしょうか、「みんなに見送ってもらえたらいいな。戒名もほしい」というようになっていました。名簿に沿ってみなさんにお知らせしたところ、お葬式には親せき、友人、知人たちが大勢参列してくださり、睦夫さんは大勢の人たちに見送られて旅立ちました。

■親せきの絆

睦夫さんの兄弟姉妹は、長兄（94歳）をはじめほとんどが自宅から車で1時間ほどのところに住んでいますし、その子供たち（俊史さんのいとこ）もその近くに住んでいます。こんなに近くてもいままであまりつきあいがありませんでしたが、お葬式をきっかけに交流が始まり、年に一度「いとこ会」を開催することになりました。

「このエンディングノートのおかげで、死ぬ前にお父さんが会いたいだろう人に会わせることができた。お葬式をきっかけに、親せきなどとの絆も取り戻すことができた。お父さんが知人の話をするなかでいってくれた『お前はまだ43歳だ。これから苦しいことがあったときは、伯父さんや伯母さん、仕事仲間がきっと助けてくれる』という言葉を、一生大事にする」と俊史さんは心に誓いました。

そしてもう一つ。ノートの「お気に入りの写真を貼ってください」という欄に、元気だった頃の睦夫さんが微笑む写真を貼っておいたおかげで、遺影にはお父さんらしい写真を使うことができたそうです。

俊史さんのただ一つの心残りは、病名の告知や延命などに関する頁が書けなかったことでした。「病床の父にはとても聞けませんでした。本当は余命も知っておきたかったのかな」と俊史さんは時々考えてしまうそうです。

エンディングノートは本人が書くだけでなく、このケースのように親のために子供が書くこともできます。思い出話を聞きながら書いてあげるのもよいものです。親と何を話したらいいかわからないという人も、ノートをきっかけに会話がはずむかもしれません。

第1章

自分について

エンディングノートの要《かなめ》となるのが、自分について書く頁です。人生100年、といわれるいま、このノートを手にした方の人生はまだまだ長いことでしょう。これからの時間を有意義に過ごすために、この頁は活用できます。これまでを振り返りながら、またこれからの生活を思い浮かべながら、自分の周りの方たちに思いを寄せて、書き進めていきましょう。

■これからの私、私の思い

若いときは「してしまったこと」に対して後悔することが多く、年を重ねてからは「しなかったこと」に対して後悔することが多いそうです。漠然と考えていることや、「時期」や「予算」を決めていないことでもかまいません。やりたいことや行きたい場所をまず書いてみることが実行に向けての第一歩です。思いつくままに書いてみましょう。

写真を貼る頁には、いちばん気に入っている、いい表情の写真を選んで貼っておきましょう。このノートを開くたびに、いい顔の自分に出会うと元気になります。もちろん遺影としても使えます。お葬式の主役は遺影です。遺された方たちは亡くなった方の顔を遺影で覚えていることが多いそうです。お気に入りの写真がなければ、写真館に足を運んでもいいかもしれません。

■私のこれまでを振り返って

エンディングノートには、自分の氏名や住所などを書く頁がありますが、氏名・生年月日は戸籍謄本に記載されているとおりに書きましょう。最新の本籍地を書いておくと、相続の時にとても役立ちます。

自分の歴史も書いてみましょう。詳しく書こうなどと思わずに、その年代に好きだった歌や俳優、映画、本、よく行った場所、通学していた学校や勤務先など、その時代を思い出せるような内容でかまいません。

■趣味・おつきあい

同居している家族でも、あなたがいつもどこに行っているのか、どのような団体に所属しているのか、好きなことや悩みなど、わからないことが多いものです。いまの自分の生活について書いておきましょう。

■家　系　図

相続が発生したときに、まず必要なのは相続人の確定です。いざという時の準備として戸籍謄本と照らし合わせながら、正しく書いてみましょう。家系図を書くことのメリットはほかにもあります。自分がこの世に生まれてきたのは、父母がいてその父母がいたから、ということを実感し、兄弟姉妹や伯父伯母、いとこなどの親せきの方々に思いをはせることができます。名前と関係を正しく書いて、子孫に伝えることも大切なことです。

■親せき・友人・知人の名簿

住所録や年賀状だけでは、その方とどのような関係だったのか、いまのおつきあいはどうなっているのか、もしもの時に連絡してほしいのかどうかがわかりません。名簿には自分との関係も書いておき、連絡してほしい方には印をつけておきましょう。またサークルや団体に所属しているときには、代表者の情報を書いておくと、その方を通じてグループのメンバーにも連絡をつけてもらうことができます。

■慶弔記録

身内や親しい方の慶事や命日などの記録です。覚書きとして書いておくと、うっかり忘れて不義理をするようなことも防げます。また、金額や品物なども書いておくと、次回の贈答時の参考になります。

事例❸ 自分のための引継ぎ

陽子さん（65歳）はエンディングノートを買ってはみたものの、引き出しにしまい込んだままでした。独身で子供もなく両親もすでに他界していますが、姉とその子供2人が近くに住んでいるので、もしもの時には彼女たちがそれなりに計らってくれるだろうという思いもあったからです。

両親を看取った経験から、死亡した際の段取りや最低限必要だと思われる項目は記入したものの、それ以外は空白でした。なぜなら、自分史などといわれると身構えてしまい、どんなふうに書いたらいいのかわからなかったからです。自分自身のこれまでの生きざまをいまさら思い返し、書き残して誰かに知ってもらいたいとも思わないし、思い出してノスタルジーに浸るタイプでもありません。

ある日、銀行のATMでお金を引き出そうとしたとき暗証番号が違っていました。心当たりのある番号を押しましたがやはりエラーになってしまい、慌てて銀行を出ました。幸いすぐに思い出したので、無事にお金を引き出すことはできましたが、年を重ねるということはこういうことなのかと思い知らされました。

陽子さんは、昨年退職するまでは、何枚かのキャッシュカードを必要に応じて使い分けており、暗証番号がわからなくなることもありませんでした。こんな経験は初めてでしたが、これからはこういうこともあるかもしれない、いままでどおりにはいかないのだと感じました。認知症にならないまでも、歳相応に徐々に記憶が衰えていくことは認めざるをえません。銀行口座や身の回りの物、その他必要なことがらを整理し、ノートにわかりやすく記入する必要性を陽子さんは痛感しました。

遺された親族にできるだけ迷惑をかけないようにとは思っているものの、「まだまだ大丈夫」と、これまでなかなかノートに手をつけられず、先延ばしにしてきた陽子さんです。しかし、「あれも、これもといっていたのでは余計な時間がかかって効率も悪いし、老いていく自分自身に引き継ぐためにすぐにでも実行しなければならない」と気づき、これからの時間を有意義に過ごすためにも、早速ノートを書くことにしました。


（自分について）

【これまでの人生】
・夢中になって読んだ本の名前、観た映画名を年代別に記入

・時代、時代に聴いていた音楽と歌手名を記入
自分にしかわからない情報であって、これからの時間を豊かにするために欠かせない要素なので、すぐにわかるようにしておきたい。

【これからの人生】

1. ネイルサロンに行ってみたい
2. 若者に人気のダンス&ボーカルグループのライブを観てみたい
3. 基本の出汁のとり方を教えてくれる料理教室に入りたい
4. 写真の整理をして、壁に飾りたい
5. 有名高級ブランドのティーカップで美味しい紅茶を飲みたい

どんな小さなことも、やってみたいことはすべてリストアップして必ず実行することにしました。これから先、やらずに後悔したくはないし、したいことを思い出せなくなっても困ります。ましてやる気さえ失せてしまうことはもっと困ります。

（親せき・友人・知人の名簿）
危篤や死亡を知らせるための名簿ではなく、これまでご無沙汰していた人たちのリスト

を作成する。退職してやっと旧友や故郷の親せきにゆっくりと会う時間ができたのですから、リストをつくっておけば手紙を出したり、訪ねたりすることもすぐにできます。

エンディングノートはこれからの人生を前向きに生き抜くための重要なツールです。**死んだときのためではなく、自分自身のためということであれば気負わずに書けるはずです。**書くことによってやりたいことが実行しやすくなり、きっと生きがいをもって今後の人生を過ごすことができるでしょう。

事例❹ 夢がかなって空を飛んだ日

「あなたの夢は」と聞かれて、「いまさら夢なんてないわ」と思っていませんか。子供の頃から将来の夢を聞かれるのが苦手だった私が、60歳近くで「空を飛びたい」という夢をもち、それをかなえた話です。

■番外編からのスタート

ある日、私（当時59歳）はエンディングノートのセミナーに参加しました。エンディングノートなのだから、終末期や葬式の希望を書いておくのだろう、と思っていました。しかし、「人生１００年の時代、みなさんにはまだまだ時間があります。このノートはみなさんがこれからの人生を生き生きと過ごすためのノートです。まず、今後してみたいと思っていることを書き出してみましょう」とセミナーの講師が話されました。レジュメには「夢や志」「これからやりたいこと」などを書くようになっています。「夢」を書くのは苦手だけれど、「やりたいこと」はたくさんあるので、「沖縄旅行に行きたい」「甲子園球場で応援したい」「今年は友だちの○○さんと会いたい」などどんどん書けます。ふとレジュメに「番外編」という欄を見つけました。「番外編？　何これ？」と不思議に思っていると、「番外編には、実現不可能なことでも、夢みたいなことでも、たとえば宇宙に行きたいとか、なんでもいいから書いてみてください」と講師の説明がありました。

うーん、何があるだろう？　小さい頃から現実派だった私は、番外編には何も書けませんでした。次は小さい頃の思い出を書く頁です。小さい頃の遊び？　そういえば、高いところが大好きだった私は木登りが得意で、遊園地に行くと飛行塔やジェットコースター、宇宙ロケットのようなものに喜んで乗っていました。いまでも高層ビルや東京タワーなどから眺めることも大好きで、飛行機に乗ったときは、必ず窓際の席からずっと外をみているほどです。そうだ、小さい頃の私は「空を飛べたらどんなに楽しいだろう」と考えていたんだ、と思い出して番外編には「空を飛ぶこと」と書きました。

不思議なもので、文字にしてみるとなんだか実現できそうな気がしてきました。でも、空を飛ぶといっても、この歳でどうすればよいのだろうか。なんとなくそんなことを考えていたある秋の日、インストラクターと一緒に飛ぶパラグライダータンデムフライトがテレビで紹介されていました。そういえばいろいろなところでパラグライダーをみかけます。でも、まさか自分でも飛べるとは思えず、「気持ちいいだろうな、うらやましいな」と眺めているだけでした。ところが、「子供からシニアまで幅広い年齢層の人たちが空中散歩を楽しめます」という説明に、「これだ！　このタンデムフライトで空を飛ぼう。同じ飛ぶなら大好きな白馬の空を飛ぼう」とひらめきました。

早速インターネットで、情報収集を始めました。まずはスクール選び。なにしろ空を飛ぶのだから信頼できるところでと考え、日本パラグライダー協会に加入しているスクールにしました。次は条件です。本当に私でも飛ぶことができるのかを問い合わせると、70歳代の人でも数十メートル走れるだけの脚力があれば大丈夫とのことでしたので、まったく問題ありません。次は行く時期です。故郷への墓参りの行き帰りに長野方面にも旅行しているので、その時が良さそうです。故郷から白馬までの行き方を時刻表で調べてみると、距離的には近いのに乗継ぎに時間がかかりますが、なんとかなりそうです。夫は、私がパラグライダーをすることにあまり賛成ではありませんでしたが、来年の夏の旅行は白馬と決めました。

さて年も変わった1月末、駅で転んで右足の靭帯を損傷してしまいました。1カ月ほど松葉杖の生活です。普通に歩けるまでには3カ月ほどかかりました。普通に歩けるようになったといっても、なにしろ60歳を過ぎた身では治りも遅く、いつまでも多少の痛みは続きます。とても白馬に行ける状態ではなく、その年は断念しました。そしてその翌年は、秋に娘の結婚式を控えていたので、万一けがでもしたら大変だと思い自重しました。

■いよいよ夢の実現へ

いよいよ決行の年。天候によっては飛べないときもあるといわれ、白馬に2泊することにしました。3年前に立てた計画に沿って、パラグライダースクールに8月6日の午前にタンデムフライトを予約。5日の夕方遅くに旅館に入り、いよいよその日を迎えました。

前日の予報どおり、朝起きるとやはり雨が降っていました。パラグライダーはゴンドラで白馬山の中腹まで行き、山の傾斜を利用して飛び立ちます。着地点は長野オリンピックのスキージャンプ台のすぐ横です。スクールに電話をすると「テイクオフ（離陸）の場所に雲がかかっていなければ飛べる」とのことでしたが、まだ小雨が降っていたので翌日に延期し、その日はジャンプ台の見学に行きました。見学を終えて午後は何をしようかと考えていると、雨が上がり晴れ間が出てきました。どうかな？ と思いつつスクールに行くと「いま1人が上がって行きましたから、大丈夫でしょう」とのこと。慌てて準備をして、ゴンドラに向かいました。

説明をよく聞いた後、装備をして、離陸の練習をたった一度するとすぐにフライトですが、インストラクターがやさしく指導してくれたので、不安はありませんでした。パラグライダーは傾斜地を一気に走って加速することで離陸します。最初はうまく走れなくて失敗しましたが、2度目でふわっと浮き上がりました。

空を飛んだ！　みるみる地面が遠ざかっていきました。ジャンプ台の上から旅館街のほうへと移動すると、スクールの屋根もみえてきました。上をみれば青い空、遠くの山も、真下の畑や公園も、遮るものは何もなく遠くまで見渡せます。素敵、ああ、空を飛ぶってこんな感じなのね、まるで鳥にでもなったような気持ちでした。あっという間に15分が過ぎ、徐々に高度を下げて無事に着地すると、夫が心配そうに待っていました。山に向かったときから、何かあったらどうしよう、と心配でたまらなかったそうです。

空を飛ぶといっても、タンデムフライトは誰にでもできる簡単なことでした。特別努力したわけでもなく、夢をかなえたというほど大それたことではありません。でも、あのセミナーで「夢、やりたいこと番外編」に出会わなかったら、死ぬ間際に飛びたかったことを思い出して後悔したかもしれません。あなたも幼い頃にしてみたかったことを思い出して、夢をかなえてみませんか？

事例❺

思い出を家族と共有する

辰夫さん（70歳）は、妻の奈津子さん（66歳）、次男の勇二さん（35歳）との３人暮らしです。長男の和夫さん（40歳）と長女の夢子さん（38歳）はそれぞれ結婚をして、同じ市内で暮らしています。２０２０年の東京オリンピック開催が決まったときのこと。たまたま遊びに来て一緒にテレビをみていた和夫さんが「親父やお袋はいいよな、東京オリンピックを2回もみられるんだから……。俺たちには2回目はないからな」といいました。「そういわれると56年の間を置いて開催される東京オリンピックを2回もみることができるのは運がいいのかもしれないな」という辰夫さんに奈津子さんもうなずきました。

「そういえば前回のオリンピックのとき、開会式で空に描きだされた五輪のマークは、テレビと校舎の窓からの実物と両方がみえたわ」と奈津子さん。辰夫さんも「俺は大学に入った年だ。柔道と卓球を観に行ったよ」などと、しばしの間、50年前の東京オリンピックの思い出に話がはずみ、思わぬところで家族のコミュニケーションがとれました。

単に「お父さんの大学時代はね……」というよりは、「東京オリンピックの年に大学に入ってね……」とか、「オリンピックの記念切手を集めたものよ」などと切手帳を眺めながら話したほうが、オリンピックという誰もが知っている出来事を共有することができ、時間や時代を超えてオリンピックのときは学生時代を過ごしていたという共通認識を分かち合うことができるのではないでしょうか。

エンディングノートは、子供時代から現在までの自分を振り返り、これから進むべき未来を含めて書込みができるようになっています。辰夫さんは20代の自分と70代の自分のところに書き込みました。奈津子さんは子供時代の自分と70代の自分のところにオリンピックの話を書き込みました。

辰夫さんや奈津子さんのように身近に話し合える家族がいる人ばかりではありません。おひとりさまも増えています。いまは家族がいても先行きひとりになってしまうこともあります。また、本人が認知症になって家族と意思の疎通を図ることが困難になってしまうこともありえます。認知症は新しいことから忘れていくといわれていますが、昔のこと、特に身体で覚えたことや習慣にしていたことは忘れにくいようです。

好きなことや好きな場所、自分が輝いていたときのことなどを、話し相手に話題を提供するつもりで書いておきましょう。そして、80歳、90歳と歳を重ねたときに、どこで、ど

辰夫さんの記載

20代の自分

1964年	20歳で大学入学　東京生活が始まった
	東京オリンピック開催　柔道と卓球を観に行った
1972年	28歳で結婚　義母と同居の新婚生活
	札幌冬季オリンピック開催

70代の自分

2020年　２回目の東京オリンピック　終わるまでは元気でいたい
孫たちと一緒にサッカー・卓球を観戦したい

オリンピック後は田舎に帰ってのんびりと釣りを楽しむ生活をしたい

のような生活をしていたいのか、何をしていたいのかなども書いておきましょう。

家族でも本人のことはなかなかわからないものです。まして他人様ならばなおさらです。**最後まで自分らしく過ごすためには、書くと同時に周りに書いたことを伝えるように心がける**とよいですね。

奈津子さんの記載

子供時代の自分

1948年　東京都の北の玄関、北区赤羽で出生
1964年　**東京オリンピックの年**に高校入学　開会式に空に描かれた五輪マークを高校の窓から眺めた
1966年　**ビートルズの来日**が就職試験の作文の課題で出題された

50代の自分

2000年　母の死　介護保険の認定は受けたが使うことはなかった
介護保険制度・成年後見制度スタート
2005年　体調を崩し１カ月の入院生活、主人が毎日のように病院に来てくれた
愛犬カールの死

70代の自分

2020年　２回目の東京オリンピック　主人や孫たちと一緒に開会式を観に行きたい

オリンピック後は田舎暮らしをして、土に触れる生活をしたい

事例❻ 生まれた日の出来事

これは誠さん（52歳）がずっと知りたかった「自分の生まれた日の出来事」を母親から聞いたというお話です。

半年ほど前、誠さんは「エンディングノートの書き方セミナー」に参加しました。そのときに「自分を振り返り、自分を知ること、自分を残すことが大切です」と聞き、ノートに書くことを見つける「自分さがし」を始めました。

人生は、「一人ひとりがもつストーリー」です。ドラマチックな出来事も平凡な出来事も思い出をたどればいろいろなことがありました。

誠さんは思い出の数が多すぎて、薄いノートには書き切れそうにありません。「カッコよく自分を伝えよう」と気負いすぎたためか、書くことを決められずに、本棚の隅に真っ白なノートが置かれたままになっていました。

そんな折、田舎で母と暮らす妹から、母親が心臓の発作を起こし、救急車で運ばれている途中だと連絡が入ったのです。片道2時間かけてやっと病院に着きました。すでに救急処置は終わってCCUに移っていましたが、面会はできませんでした。主治医からは、20分遅れたら危ないところだったと説明がありましたが、その後、母は発作も起こさずに2週間ほどで退院しました。

誠さんのお母さんは75歳です。「母の死」を現実に考える場面に置かれて気づいたことは、母のことをほとんど知らないということでした。

自分と母を知るスタートとして、自分が生まれた時の「両親の思い」を知りたいと思いました。自分がこの世に生を受けた時、父と母はどんな気持ちだったのか。その場所には祖父も祖母もいたはずです。これらを含めて、「元気なうちに母と話をしよう」と、連日の病院通いのなかで考えました。そのときにエンディングノートが頭に浮かび、「母のこと」もノートに書こうと決めたのです。自分のことを伝えるだけでなく、母の人生をたどることも大切にしたい気持ちが日に日に強くなったそうです。

誠さんは、上京して30余年になりますが、その間、お母さんとゆっくり話をした記憶がありません。「元気で、仕事をしっかりしていればいい」という考え方のお母さんでしたから、誠さんも心配をかけないことが親孝行だと思っていたのです。思い返せば、上京後の時間だけでなく、誠さんがお母さんと一緒に暮らしていた18年間のなかにもゆっくり話した時間はありませんでした。

誠さんは「これからでも遅くはない、母と話をしよう。いいたかったこと、聞きたかったこと、いや、どうでもいいことでも話しておこう」と考えました。「自分が家族に伝えたかったように、母も話したいことがあるはずだ。30歳代で急逝した父のことも自分に伝えたいかもしれない」。誠さんは、それを実行することにしました。

ただ、昔気質の母は弱音を吐かないだろうと思った誠さんは、エンディングノートを利用することにしました。「子供の頃の自分をノートに残したいから、昔の話を聞かせてほしい」とお願いしてみることにしました。

■出産の最中の出来事

先日、久しぶりに帰省した誠さんは、お母さんから昔の話を聞きました。

実は、誠さんはとても希有な状況でこの世に生を受けていました。誠さんが産まれたのは一月の寒い夜です。家は昔の農家の家で、出産は奥の座敷を使ったそうです。初産だったお母さんは難産でしたが、深夜、誠さんは元気に産声をあげました。

しかし、その少し前に同じ部屋で生涯を終えた人がいたのです。

その人は、お産婆さんでした。「もう頭が出てきましたよ」と誠さんの頭をさわりながら、嬉しそうな声で伝えた直後にこの世を去ってしまったそうです。誠さんがこれまでなんとなく聞いたことのある話の詳細を今回初めてお母さんから聞けたそうです。

お母さんは隠していたわけではなく、出産のさなかに起こった出来事だったのでうつろにしか覚えていなかったのです。しかし、自分のために息子の命を守ろうとしていたお産婆さんが、小さな命と引き換えたかのように生涯を終えられたことは、相当のショックだったということはわかりました。

生を受けるのも、生を終わらせるのも「運命」でしかないのかもしれません。

しかし、その運命を受け入れながら、命という絆がつながっている。誠さんは、命のバトンを受け継いだ人に、一言お礼をいうためにそのお産婆さんのお墓参りをしたいと思いました。今度、お母さんを誘って一緒にお墓参りに行こうと考えています。

事例❼　家系図を書いてみえてくるもの

佐藤花子さん（60歳）のいとこの中野博之さん（70歳）は、「要介護2」の認定を受けてヘルパーの助けを借りながら都営住宅で一人暮らしをしていました。博之さんには二つ年上の兄、中野孝之さん（72歳）がいますが仲は最悪です。不仲のきっかけは、博之さんと孝之さんの父である伯父（中野昇さん）の相続の時にさかのぼります。孝之さんは伯母（中野マサ子さん）の面倒をみるという条件で伯父の財産の大半を相続しましたが、嫁姑の折合いが悪く伯母は博之さんのところに来てしまったのです。それ以来、孝之さんと博之さんは何かにつけ反発しあうようになりました。伯母が生きている間は親戚筋に体面をつくろっていましたが、伯母が亡くなると孝之さんは「博之に何があっても面倒はみない」「博之とはつきあわないでもらいたい」と親戚筋に対しても公言するありさまでした。最初の頃は、花子さんの父親や叔父の喜一さん（75歳）も意見していましたが、何をいっても聞かないのでさじを投げた状態です。

3年ほど前のこと、博之さんがお世話になっている**ケアマネジャー**の田中さんから電話があり、「博之さんの姿がみえません。お金は小銭しかもっていないはずです。どこか心当たりはありませんか」と聞かれましたが、心当たりのあるはずもありません。警察に捜索願いを出してようすをみることにしました。３日後、無事に見つかったと連絡がありましたが、どうやら散歩に出て帰り道がわからなくなり、さまよっているところを警察官に保護されたようです。田中さんは報告の最後に「もう、ひとりで生活するのは無理なのかもしれませんね」と付け加えました。施設への入居を考える時期が来たようです。

花子さんの両親と博之さんの両親は父同士が兄弟、母同士が姉妹といった関係です。そのせいか伯母は顔をあわせると「博之をたのむ」といっていました。花子さんもなんとか面倒をみたいとは思うのですが、夫や子供たちが反対をしているので、直接面倒をみることはできません。田中さんに成年後見制度を利用できないかと聞いてみました。田中さんは、少し考えていましたが「区の担当者に聞いてみましょう」とその場で電話をかけ、１週間後に面談という段取りをつけてくれました。１週間後、区の相談ルームで、区の職員と田中さんを交え、首長申立てで成年後見制度の利用について話し合い、検討してもらえることになりまし

ケアマネジャー

介護支援専門員の通称。介護保険法において要支援・要介護者からの相談を受け、居宅サービス計画（ケアプラン）を作成し、介護サービス事業者との連絡、調整等を取りまとめる。

た。後見人が決まったと連絡がきた時には1年が過ぎていました。

後見人には司法書士が選任され、施設への入所も決まりましたが、区内の施設には入れなかったので、住み慣れない遠く離れたところでの生活になりました。

花子さんの住んでいる市でも終活フェアが開催されることになり、市報でフェアの参加者募集が行われました。セミナーやトークショー、相談会などどれも参加したいものばかりですが、ワークショップのなかに気になる言葉を見つけました。

「家系図を書いてみよう～家系図からみえてくるものは～　あなたの相続人は誰？　相続人＝自分を託せる人とは限らない」

花子さんが気になったのは「相続人＝自分を託せる人とは限らない」の言葉でした。博之さんの相続人は兄の孝之さんですが、仲が悪いのでまさにこの言葉どおりです。また、「家系図からみえてくるもの」という言葉も気になりました。家系図を書くとみえてくるものってなんだろうと思いつつ、参加の申込みをして当日を迎えました。

ワークショップは、家系図の書込みがされた見本をみながら、自分の家系図をつくっていくというものでした。花子さんが書いた家系図が次頁の図です。

花子さんの家系図を例に、家系図からみえてくるものを書き出してみました。

家系図を書いてみよう～家系図からみえてくるものは～

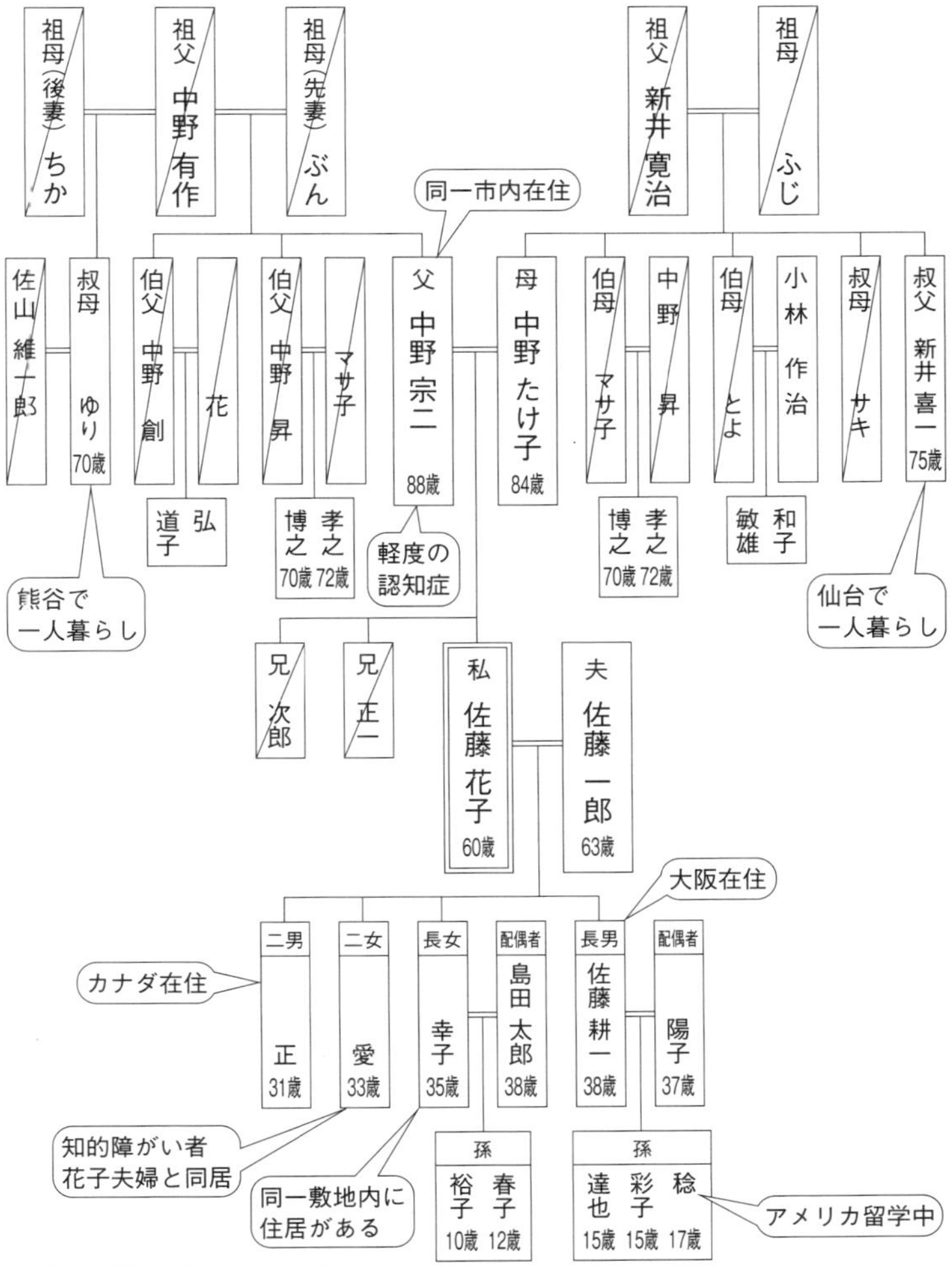

（注）　／線は死亡している人

【夫の一郎さん（63歳）の相続人は】

妻の花子さん（60歳）と子供の耕一さん（38歳）、幸子さん（35歳）、愛さん（33歳）、正さん（31歳）の5人です。

5人なのですが、もし、耕一さんが一郎さんより先に亡くなると、耕一さんの相続分は3人の孫たちに移ります。もし、幸子さんが一郎さんより先に亡くなると、幸子さんの相続分は2人の孫たちに移ります。また、愛さんは知的障がいがあるので、自分で相続の手続をするのはむずかしそうですし、相続した財産の管理もできないかもしれません。

【一郎さんに介護が必要になったとき、一郎さんが自分を託せる人は】

耕一さんは大阪在住で、正さんはカナダ在住ですので、みてもらうことはむずかしい状態です。花子さんと幸子さん夫婦がみることになるのでしょうか。

【叔父の新井喜一さん（75歳）の相続人は】

喜一さんの姉であるたけ子さん（84歳）と甥の孝之さん（72歳）、博之さん（70歳）、敏雄さん、姪の和子さんの5人です。

たけ子さんが喜一さんより先に亡くなると、たけ子さんの相続分は花子さんに移ります。

【喜一さんは誰に自分を託すのか】

首都圏に住むたけ子さんが仙台に住む喜一さんの面倒をみられるのでしょうか。喜一さんは近くに住む友人・知人に自分を託すかもしれません。

このように、家系図を通してみえてきたものは、花子さんの想像以上に多かったようです。

子供がいても遠く離れているのならば、近くに頼れる誰かを見つけておけばいいと思いませんか。**地域の身近なところで、お互い様の人間関係をつくっておけば安心できます。**昔から遠くの親せきより近くの他人といいますが、現代こそこの言葉が生きてくるのではないかと思います。

家系図を書いてみましょう。あなたには何がみえてくるのでしょうか？

事例❽ 最後のお別れができなかった親友たち

離婚して子供のいない文雄さん（58歳）は90歳を超えた母親と2人で暮らしていましたが、病気を再発して亡くなりました。亡くなった文雄さんの葬儀や、経営していた会社の事業承継などの諸々は、遠方に嫁いだ姉の真紀子さん（60歳）たちが行いました。亡くなるまでに、入退院を繰り返し、徐々に悪化していきましたが、文雄さんは、身内以外の人に、病気のことを知られることを望みませんでしたので、誰にも知らせませんでした。

真紀子さんは文雄さんが発病した時に、引継ぎのために記入しておくようにとエンディングノートを渡し、記入する意義や記入する必要性も詳しく説明していました。しかし、文雄さんは入院中、体調がいいときは自分で日記がわりにキャンパスノートにいろいろなことを書いていました。そのノートがエンディングノートの役目を果たすと考えていたようです。文雄さんの死後キャンパスノートをみると葬儀や相続に必要な情報は書いておらず、真紀子さんが渡したエンディングノートにも何も書いていませんでした。そのため葬儀の準備は想像以上に大変でした。地元の風習もわからず、母に聞いても、要領を得ない返答ばかりです。地元の親せきは親切に何かと手伝いを申し出てくれ、アドバイスもしてくれました。しかし、意見がそれぞれ違って、誰の意見を聞いたらいいのかわかりません。あちらを立てればこちらが立たず状態でした。文雄さんが意思表示を残していない以上、姉たちが一つひとつ判断して、葬儀の準備を速やかに進めるしかありません。

葬儀のやり方は地方ごとに特色があるとは聞いていましたが、たしかに驚くことや戸惑うことがたくさんありました。それでも、親せきやご近所の人、仕事関係者など、みなさんの協力を得てなんとか無事に葬儀をすませることができました。

その後、あらためて文雄さんのキャンパスノートを開いてみると、自分の体調の変化や通院、御見舞にみえた人の名前と時刻も書いてありました。

そのなかに、子供のいない文雄さんにとって事業承継や先祖の墓守は気にかかることがらのようで、「○○君をヨイショして、養子にする計画実行‼」の文字が躍っていました。○○君とは真紀子さんの長男です。唯一、意思表示と思われる箇所は、「会社を潰してもかまわないから○○君に会社を継いでもらいたい」という一文でした。

文雄さんが亡くなって半年が過ぎ、やっと普通の生活に戻った頃、真紀子さんの家に電話がかかってきました。

「文雄くんのお姉さんですか？　私は××大学のサークルで文雄くんとご一緒させていただいた△△と申します……」

どこからか文雄さんの死亡を耳にした大学時代のサークル仲間が、焼香をさせていただきたいという電話でした。日時を決めて真紀子さんは実家へ出向き、文雄さんの大学時代の友人を迎えました。ありがたいことに、50代後半の男性が7人、全国から小さな田舎町に足を運んでくれました。仏壇に手を合わせ焼香をすませると、学生時代の話題で大盛り上がりでした。そこには、姉の知らない生き生きと青春を過ごしていた弟の姿がありました。そして、弟と卒業後も家族ぐるみのつきあいをしていたことを知りました。

「毎年、秋には、新米を送ってもらっていました」

「何度も家族でスキーに招待してもらいましたので、妻も子も悲しんでいます」

「私、日本酒が好きなので、暮れには正月用にと地酒をもらいました」等など懐かしそうに話していました。時々、仏壇に向かって「文雄、聞いてるか‼」と話しかけたり、「なぜ、黙って逝ったんだ‼」と恨みごとをいってみたり……。泣いたり、笑ったりの時間を共有しました。

友人の1人が「お姉さん、私たちは文雄の最期に立ち会っていないから、まだ納得できないのですよ。また、秋には新米が送られてきそうです」

涙声で話すその言葉が、真紀子さんにはとてもつらいことでした。

もし、文雄さんが**エンディングノートに「入院時の連絡」「葬式時の連絡」の欄に誰か1人の名前でも書いていたら、みなさんに最後のお別れをしてもらえた**ことでしょう。友人たちもけじめができたのに、お知らせできなかったことを真紀子さんはとても申し訳なく、後悔の気持ちでいっぱいでした。

文雄さん愛用のネクタイは形見分けとして身近な人に差し上げており、すでに30本程度まで減っていましたが、形見分けにどうぞというと、友人たちは喜んでくれました。

すると、「サークルの後輩たちに伝説の先輩の形見を渡したいので何本かいただけませんか。就職面接の時にもたせたいので」との申出がありました。光栄なことなのでみなさんが選ばれた残りすべてをお渡ししました。

焼香のあと、みんなで弟のお墓に向かいました。途中で友人たちは文雄さんの好きなタバコや、酒が飲めない文雄さんのために缶コーヒーを買って、思い出を話しながら歩いて行きました。墓に着くとみな、文雄さんに話しかけながら手を合わせていました。

友人たちは、その日は近くの温泉宿に一泊し、「文雄を偲んで賑やかに宴会を開いて、文雄を羨ましがらせてやりますよ」といって帰られました。

文雄さんは、なぜこんなに親しい友人に病気を知らせなかったのでしょうか？

なぜ病院で付き添っていた姉にも、友人たちの住所や電話番号を知らせなかったのでしょうか？　強い絆で結ばれていた親友同士であったことはたしかなようです。

文雄さんが亡くなってから5年が過ぎましたが、毎年、友人たちは墓参を兼ねて実家近くの温泉に宿泊して弟を偲んでいるそうです。

実家へ帰った折に真紀子さんが墓参りに行くと、墓にメモ書きのある名刺が置いてありました。後日、墓参りのお礼にとその名刺方に電話をかけると、大学のサークルの後輩でした。

「先輩のネクタイをいただきました。出張で墓の近くを通るのですが、通過すると先輩にしかられそうで、途中下車してお墓参りをさせていただきました」と話してくれました。

エンディングノートにたった一行、友人の名前と電話番号が書かれていれば……と、最後のお別れの機会をつくれなかったことをいまでも悔やむ真紀子さんでした。

事例❾　慶弔の引継ぎ記録を残そう

少し前までは、どこのお宅も親せきや地域の冠婚葬祭のつきあいは家長の務めと相場は決まっていました。親と同居している後継者は、そのようすを傍で眺めながら自然にノウハウを身につけ、時々代理を務め、いずれは役目をバトンタッチする。そんな循環が当たり前の家族制度が長い間続いていました。

ところが最近は、家族の形態が急速に変化し、夫婦２人世帯や単身世帯の急増は、社会全体にいろいろな変化をもたらしています。隣人の名前も知らず、あいさつもしないことが珍しいことではなくなりました。個人情報の保護やプライバシーの尊重などの言葉がたびたび聞かれるようになり、よりいっそう「個の時代」が色濃くなってきました。このようななか、人と人とのつきあいも様変わりし、冠婚葬祭だけでなく、ご近所づきあいや身内の交流も希薄になってきています。

親世代と同居していない子世代が、急に冠婚葬祭・親せきづきあい・地域とのつきあいを引き継がなければならなくなったとき、何か慶弔の記録のようなものがなければ、大きな負担になります。

家主を亡くし、生家「○○家」のつきあいを引き継ぐことになった和子さん（60歳）は、地元から離れた土地に嫁いだので、めったに帰省することはありませんでした。

生家は長男の義雄さんが継ぎ両親と暮らしていました。

和子さんは、義雄さんの妻への気遣いもあり、足しげく生家へ帰省することは遠慮していましたが、時折両親を呼び寄せ、長男夫婦に水入らずの時間を提供することを心がけていました。

両親が高齢になると、長距離の移動は負担が大きく、両親の来訪は自然と少なくなりました。その頃になると、親せき・縁者、ご近所の冠婚葬祭への出席は、義雄さんの役目になっていました。その後、義雄さんは父親が他界してもなんの不都合もなく父親にかわって冠婚葬祭のつきあいをしていました。

ところが、義雄さんが急死すると状況は一変しました。義雄さんの妻は実家に帰ってしまい、和子さんには、生家と高齢の母だけが残されました。

地元で三代続いた生家は、親せき・縁者だけではなく、長い歴史の間に生まれた地縁の人数も多くなり、一般的な冠婚葬祭だけではなく病気見舞い・入院見舞い・誕生祝い・卒入学祝いなどのつきあいも当然多くなりますから、この先どうすればいいのか、和子さんには見当もつきませんでした。

生家に何か記録が残っていないか、あちらこちらを探し回ってみましたが、見つかりません。90歳を過ぎている母に尋ねても、要領を得ない答えが返ってくるだけです。

長男亡き後は、和子さんの元に親せきから冠婚葬祭の連絡があるので、連絡をしてくれた人に教えてもらい、その地方の流儀に従っておつきあいをします。しかしその際も、母の代理として参加するのか、○○家の本家として参加するのか、和子さんの立場をどこに置くかについても、親せき同士で意見が分かれ、どちらの意見に従ったらいいのか迷うことがたくさんありました。

また、親せき関係の情報は入ってきますが、それ以外の、たとえば義雄さんがお世話になった人、古くからのつきあいのある地元の人、会社関連などの情報は入手困難です。月日が過ぎてから知ることも度々あり「いまさら失礼ではないか？」「いまからでもうかがうべきか、遠慮するべきか」と迷うこともあります。名前を聞いても、面識がなく、どんな関係でどんなおつきあいをしていた人なのかもわからないまま、訪問先の玄関で自己紹介をしたこともありました。これではお香典やお祝いの金額も検討がつきません。こういった和子さんの立場を理解したうえで、相談に乗ってもらえる人を見つけるのは一苦労でしょう。

父親や義雄さんが「慶弔の引継ぎ記録」や「親せき・友人・知人の名簿」などの「交際の記録」を残してくれていたら和子さんはどれほど助かったでしょうか。

世代交代をすれば、交友関係や交友範囲も変わりますので、エンディングノートには、現在のおつきあいを記録しておきましょう。

住所・氏名・電話番号・間柄、今後のつきあいの要・不要を書いておくと、引き継ぐ人がとても安心できます。大切な絆を守るためにも、ぜひ、残しておきましょう。

第2章

資　産

エンディングノートには、自分のもっている預貯金や保険、不動産などのプラスの資産と借金や連帯保証などマイナスの資産について書く頁があります。これは「自分」の引継ぎノートですから、書いておく資産はあくまで自分名義の資産であって、配偶者など他人名義の資産（特に預貯金や不動産）は別のノートに書きましょう。

資産をわかりやすく書いておくと、遺言書を書くときや相続のときにとても助かります。相続とは、故人がもっていたすべての財産を、相続人が引き継ぐことです。相続手続きをスムーズに行うには、どのような財産がどこにあるかを知ることが大切です。事例⑩のように、資産の内容を書いておけば、万一の時でもそれほど慌てることなく、また周りの方に迷惑をかけることも少なくなるでしょう。

通帳、保険証書、不動産の登記簿謄本（全部事項証明書）を手元に置いて書くと間違いが少なくなります。

これは決して相続のためだけに必要なことではなく、もっている物を書き出す作業は、いわば棚卸しのようなもので、自分の資産などの現状を知るうえでもとても大切なことです。

■預貯金など

最近ではネット銀行を利用する人も多くなりました。ネット銀行では通帳などがないため、その存在をどこかに書いておかないとせっかくの資産が遺族の手に渡らない可能性があります。

また、少額だからとそのままになっている口座はありませんか。整理して、いらない口座は解約しておきましょう。エンディングノートには金額を書く必要はありません。**万一の時に、どこの金融機関に口座があるかがわかることが大切になります。**

■保　険

保険は受取人の請求によって初めて保険金を受け取ることができます。しかし、もしその存在を誰も知らなければ請求はできず、保険に加入していた意味がなくなります。ですから、生命保険だけではなく火災保険や損害保険など、契約している保険はすべて書いておきましょう。また、死亡保険金の受取人が誰になっているか確認しましょう。受取人を変更する必要がある場合は、すぐに変更手続をとっておくことが大切です。

■年　金

公的年金は自分から請求しないと1円も受け取れません。企業年金や個人で加入している年金も書いておきます。国民年金や厚生年金などに加入している方には、誕生日に「年金定期便」が送られてきますので、加入実績に漏れがないかも確認しておきましょう。

■借入れ

いまはカード時代。あなたは何枚のカードをもっていますか。クレジットカードなどを自分自身で解約することは簡単ですが、亡くなった後、遺族が解約するには面倒な手続が必要になるケースがあります。あまり使わないカードは早めに整理しておきましょう。

また、相続の事例に出てくるように、借金がある場合や保証人になっている場合には、必ず書いておきましょう。

■不動産

不動産をもっている方は登記された内容を正しく書いておきましょう。土地の場合は、住居表示と登記上の地番が違うことが多くみられます。登記簿謄本や固定資産税納税通知書のコピーを貼っておくのもよいでしょう。**特に忘れがちなのが、私道などの固定資産税を払っていない不動産や遠くにある不動産です。**また、名義の書換えがすんでいるかどうかも確認しておきましょう。

■その他の資産・財産

私たちは多くの物に囲まれて生活しています。最後まで身の回りに置いておきたいものはたくさんありますが、遺族にとっては処分に困るものもあります。形見分けしたい物は、あげたい方とその理由なども書いておくとよいでしょう。

事例⑩ 資産情報があったのでスムーズに手続

「その日」は突然やってきました。「子供たちを留守番させて、新婚旅行以来の夫婦2人だけの旅行」を楽しみにしていた矢先のことでした。田中芳子さん（45歳）の夫（享年49歳）は、2日前から吐き気がして頭が痛いと寝ていましたが、夜明け頃、うーっと2回唸って息絶えたのです。夫の異変に気がついた芳子さんは、すでに亡くなっているとはつゆほども思わず、慌てて救急車を呼びました。病院に運ばれてから待合室で30分も待たされ、「だめだ、戻らない」と医師に宣告されたのです。意識を失っただけだと思っていた芳子さんはその場にへたり込んでしまい、あまりに突然のことで涙も出ず、呆然とするばかりでした。しかし、親せき、友人、会社の人たちのサポートのおかげで無事に葬式を終えることができました。

人が亡くなった後には多くの手続が必要です。なかでも相続に関する手続は複雑で苦労するものです。自分と子供2人が相続するのはわかっていましたが、夫の財産の全部を把握していたわけではありません。生命保険は2人で話し合って加入したので内容は知っていましたが、保険証券等の管理は夫任せでした。夫の書斎を調べてみると、大学ノートに整理された財産の一覧と書類のファイルがありました。几帳面な夫だったので、加入している保険会社名、保険の種類、証券番号、預貯金の銀行名、支店名、証券会社、住宅ローンの返済明細、不動産の登記簿謄本、売買契約書など、すべてがきちんと収納されていました。

保険会社の連絡先と電話番号も書いて

種　　類	内　　容
預貯金	金融機関名、支店名、連絡先、口座番号、種類、必要に応じ残高
株、債券、投資信託など	金融機関名、支店名、連絡先、口座番号、必要に応じ銘柄・時価
保険（共済）個人年金含む	保険会社（共済）名、営業所（代理店）の連絡先、保険証券の番号、保証の内容や保険金額、名義（契約者、被保険者、受取人）など
不動産注1	土地の住所・地番・地目・面積、建物の種類・構造・床面積、持分（単独所有か共有か）、担保
借入れ注2	借入先や連絡先、借入日、残債務、引落口座など
クレジットカード	会社名や連絡先、カード番号
年金	公的年金、企業年金（種類、年金番号・証券番号、連絡先）
会員権	ゴルフ、リゾート会員権など（評価額、権利形態、会社名、連絡先）
その他	書画骨董、貴金属、自動車、無形財産（特許権・著作権など）

（注１）　・登記簿謄本どおりに記入。
　　　　・未登記や固定資産税が非課税の不動産、名義書換えしていない不動産の有無の確認。
（注２）　保証債務の有無の確認。

あったので、すぐに電話をして書類を送ってもらうことができました。大学ノートのおかげで、そろえなければならない公的書類も一度にそろえられ、銀行、証券会社からもすぐに残高証明を取り寄せられたので、スムーズに相続の手続を終えることができました。この一覧表がなければ、どこにどういう資産があるかわからず、途方に暮れるところでした。

芳子さんのいちばんの心配は子供の教育費が払えるかどうかでした。子供たちは中学生と高校生で、これからがいちばんお金のかかる時期でしたが、残してくれたお金で学費は十分まかなうことができそうでした。遺族年金ももらえるので、芳子さんは生活費の不足分だけ稼げばいいとわかり安心しました。夫がいなくなっただけでも不安な生活ですし、家にどれくらいの財産があるかもわからず、生活資金や教育資金のメドが立たない状態では、なかなか新しい一歩を踏み出すことができません。

自分が亡くなったとき、せめて家族が手続で困ることがないように、前頁の表を参考に自分名義の財産に関する情報を書き出しておきましょう。

事例⑪ 夫が亡くなった後、口座凍結でお金が引き出せない

文枝さん（57歳）の夫は、定年退職後すぐに、突然心筋梗塞で亡くなりました。3人息子がいますが、長男は2年前に家を出たまま音信不通だったので、長男不在のまま葬式を行いました。葬式を無事に終え、葬儀費用を引き出すために銀行に行った時に困ったことが起こりました。

銀行の窓口で夫が亡くなったことを説明して定期預金を解約しようとしたところ、窓口の人から、「相続の手続が終わるまで、故人の預金は解約できません」といわれたのです。預金を引き出すには、「**遺産分割協議書**」が必要といわれ、相続人の1人である長男と連絡がとれないので、すぐには手続できませんでした（※）。

もらったばかりの退職金など預貯金はすべて夫名義でした。結婚以来ずっと専業主婦だったため文枝さん名義の預貯金はほとんどなく、また次男と三男はまだ大学生なので頼ることはできません。葬儀費用については、事情を察した文枝さんの兄が

遺産分割協議書

相続人全員の協議により決まった遺産の分け方の内容を記載した文書。相続人全員の署名・押印（実印）が必要。

立て替えてくれたので事なきを得ましたが、文枝さんは今後の生活がどうなるのかが不安でした。

落ち着いてから、夫が加入していた生命保険（妻が受取人）と遺族年金の請求手続を行いました。死亡保険金を受け取り、遺族年金が振り込まれるようになって、やっと当面の生活費と学費のメドがついたのです。その後長男とも連絡がとれて相続手続も無事終わりましたが、法律や制度を知らないことの怖さを思い知らされた出来事でした。

預貯金などの金融商品、不動産などの資産は、その名義人が亡くなると相続財産となり、それまで一つの財布で生活していた配偶者でさえ、手続が終わるまでは勝手に処分できません。専業主婦であっても、自分名義の預貯金を確保しておくことが大切です。

また、生命保険の死亡保険金は、保険金受取人が指定されていれば受取人固有の財産になるので、遺産分割協議は必要ありません。死亡保険金は「みなし相続財産」として相続税計算の対象にはなりますが、死亡証明書などの書類が整っていれば、すぐに現金を手にすることができるので、今回のようなケースではとても役に立ちます。相続でもめることが予想される場合や、文枝さんのように自分の預貯金をもたない遺族に財産を残すには、生命保険を活用するのも一つの方法です。

※金融機関によっては、遺産分割協議の前でも所定の手続をすることで葬儀費用程度は引き出せる場合もある。

事例⑫ ぎりぎり間に合った生命保険の受取人変更手続

私（女性・53歳）には、信州の実家で高齢の母と一緒に暮らしながら、家業を守っている弟（50歳）がいました。

弟には子供はいませんが、妻がいました。ところが、弟がもともと患っていた病気が再発し、いよいよ危ないと宣告された時、前途を悲観した弟の妻は離婚をして、実家へ帰ってしまったのです。離婚したことを私が知ったのは、弟が再入院した後でした。なんだかいつもとようすが違う、という母からの電話を受けて、実家を訪ね初めて気がつきました。

遠方に嫁いでいる妹（46歳）にすぐに連絡して実家へ来てもらい、姉妹で協力しながら、入院中の弟と、実家で留守番をしている母の世話をすることに決めました。

担当医から余命宣告を受けてからの日々は、実家のようすがわからないこともあり、次から次へと課題が出てきましたが、何をどうすればいいのか、どこに何があるのか、やらなければならないことがたくさんあるのに何も解決できず、気持ちだけが空回りして時間だけが過ぎていきました。

■生命保険の受取人が前妻のままだった……

弟には、発病した時にエンディングノートを渡していたので、病気再発時に開いてみましたが、何も書いていませんでした。

当面必要な費用はどう工面すればよいのか？

いまのうちに、弟に聞いておかなければならないことはなんだろうか？

その時がきたら、葬儀はどのように行えばよいのだろうか？

その時、母には誰がどのように知らせるのがよいのか？

これから先のことを考えるとたくさんの不安や心配で、眠れない日々が続きました。なかでも、母の老後の生活資金はいちばんの心配事でした。ベッドに横たわる弟に、思い切って聞いてみました。

「生命保険はどうなっているの？　保険証書はどこに保管してあるの？」

やっと聞き出した保管場所を探してみても、そこにはありません。すると、「金庫のなかかもしれない」といいます。ところが、今度は金庫の鍵の保管場所を思い出せない。入院前の記憶をたどって何箇所かの候補を聞き出し、探して、やっと金庫の鍵を見つけたものの、セキュリティが高い金庫だったので、解錠の方法がわかりません。また、病院まで行って弟に説明を受けても、体力の弱っている弟とスムーズに話ができず、体調をみながらの会話になります。しかし、あれこれ試みてやっと鍵が開き、保険証書や実印、パスポート等、重要書類などを見つけることができました。

ところが、やっと見つけた複数の生命保険証書の死亡保険金受取人すべてが前妻の名前になっているのをみた時、身体の力が抜ける思いでした。

■震える手で書いてもらった委任状

さて、どうしたものか？

まず、保険金受取人を前妻から母へ名義変更することを了承してもらわなくてはなりません。弟が了承してくれたら余命わずかな弟にかわり、名義変更の手続を大急ぎで私がやらなければなりません。弟の委任状が必要ですが、はたして弟は文字が書けるだろうか？あれこれ考えながら生命保険証書・印鑑・委任状をもって病院へ向かいました。

ストレートに「あなたの保険金の受取人を○○さんからお母さんに変えてもらえないかしら？」と弟に聞くと、

「かまわないけど、保険の手続はむずかしくて、自信がないな……」といいます。

そこで、すかさず私は「大丈夫、委任状をつくってきたから、ここに住所と名前だけ、頑張って書いてみて」といいました。

弟の上半身をゆっくり起こすと、ベッドのテーブルの上にある委任状をじっとみています。少し字を書く練習をした後、委任状に住所と名前を書き始めました。苦しそうに肩で呼吸をしながら、一文字一文字、ゆっくり時間をかけて書いていました、そして、書き終わると、ベッドに倒れこむように横になりました。

弟が必死に書いた委任状でしたが、見た瞬間、正直不安になりました。筆圧が弱く手の震えがそのまま文字に表れていたのです。判読不能で委任状として認めてもらえないかもしれない。そんな不安を感じながら保険会社の窓口へ向かいました。

■手続を終えて、弟と最後の会話

事情を説明し、「委任状として認めていただけないでしょうか」とお願いしてみました。応対した窓口の女性は委任状をもって奥の部屋へ入って行きました。どのくらい待ったかは記憶にありませんが、とにかく祈るような気持ちで長い時間、椅子に座っていました。

奥の部屋から、応対した女性の上司らしい男性が、こちらへ向かって歩いてくると、心臓がドキドキしました。

「この委任状で名義変更手続をお受けしますので、こちらで、申請書類をご記入ください。大変でしたね」と、男性からその言葉を聞いたとたん、涙がこぼれました。弟から保険金受取人の名義変更を委任された私は、一文字一文字、慎重に申請書類に記入して、最初の会社での手続を終えました。その後、次々と保険会社を回りました。最後の名義変更手続が終わり、受け取った重要書類預り書には、金曜日、午後4時45分の印字がありました。営業時間は5時までなのでギリギリでした。

病院で付き添っている妹に携帯電話で手続が終わったことを伝えると、電話口に弟が出て「姉さん、ご苦労さん、ありがとう」といいました。それから、3日後の月曜日の夕刻に弟は亡くなりました。弟とは、土曜日、日曜日と体調が悪く会話はできなかったので、電話で話した「姉さん、ご苦労さん、ありがとう」が弟との最後の会話になりました。

弟が他界したのは、私たち姉妹が実家へ行ってから、1カ月半後のことでした。弟は「自分が死んだ後の母の生活を考え、死亡保険金は母に残したいと思っていたが、自分にはできないと諦めていた。姉さんが手続してくれて肩の荷が下りた」といっていたと、病院で付き添っていた妹が話してくれました。

母親より先に死んだ弟は親不幸者ですが、肩で息をしながら必死に書いた委任状のおかげで、多趣味な母は今日も元気にデイサービスに出かけ、仲間と一緒に手芸や茶道を楽しんでいます。弟の死後、母が保険金を受け取れるようになった経緯を母に話すと、母は弟のおかげね、と折あるごとに感謝しています。

「私だって頑張ったのに‼」と内心思いながらも、弟の思いを母に届けられて本当に良かったと思っています。

事例⑬　受取人が死亡している場合の生命保険金の行方

生命保険金を受け取ることができる人は、契約者が指定した〝受取人〟ですが、保険金請求時に、その保険金受取人がすでに亡くなっていたとしたら、その保険金はいったい誰のものになるのでしょうか。ある保険代理店で起きた話です。

二郎さん（60歳）は、妻の友子さん（59歳）を同乗させて車を運転中に交通事故に遭いました。友子さんは即死状態。重体で病院に運ばれた二郎さんも、友子さんの後を追うように2日後に息を引き取ったのです。

二郎さんご夫婦には子供がなく、二郎さんの両親はもう高齢でしたので、仲のいい兄の一郎さん（62歳）が、二郎さん夫婦の身辺整理と相続手続を引き受けることになりました。

葬式の準備に始まって、初七日・四十九日の法要、役所関連の手続に二郎さん宅の荷物の整理まで、自分自身の仕事もこなしつつ、亡き弟のために誠心誠意努めていた一郎さんに、二郎さん宅で以下のような内容の生命保険証券を発見しました。

契約者・被保険者：二郎さん
死亡保険金受取人：友子さん（二郎さんの妻）
災害死亡保険金額：３０００万円

受取人である友子さんがすでに亡くなっているうえ、前述のように二郎さん夫婦には子供がいません。一郎さんは、亡くなった二郎さんの肉親である両親あるいは自分自身に、この保険金を受け取る権利が発生するものと考えました。しかし、現実はまったく違いました。

このような「受取人が死亡している場合の生命保険金の行方」については、保険法第46条に規定されています。まずは、条文を確認してみましょう。

保険法第46条
保険金受取人が保険事故の発生前に死亡したときは、その相続人の全員が保険金受取人となる。

この条文に従って、二郎さんの死亡保険金は、友子さんの相続人が受け取ることになりました。具体的に誰がどのような割合で受け取ることになったのか、相続順位に従ってみていきましょう。

【第1順位】配偶者と子（2分の1：2分の1）

友子さんには子がいません。よって、第1順位による受取りは発生しません。

【第2順位】配偶者と親（3分の2：3分の1）

友子さんのご両親は、このときすでに他界されていました。よって、第2順位による受取りも発生しません。

【第3順位】配偶者と兄弟姉妹（4分の3：4分の1）

友子さんには、兄弟が3人います。よってこのケースは、第3順位での受取りとなりました。

友子さんの配偶者である二郎さんが亡くなっているにもかかわらず、配偶者の法定相続分についてわざわざ取り上げていることに疑問をおもちの人もいらっしゃるのではないでしょうか。ここで登場するのが「幸則さん」という人です。

友子さんの相続人が誰であるのか、全員の存在を確認するために二郎さん夫婦について戸籍謄本を取り寄せたところ、実は二郎さんには、別れて20年近くになる前妻との間に幸則さんという子供がいたことがわかりました。

二郎さんと前妻とは婚姻期間が短かったこと、トラブルの末の離婚であったこと、当時赤ん坊であった幸則さんと父方の二郎さん家族とは永らく音信不通であったことなどから、一郎さんたちにとって、幸則さんはとっくに縁の切れた人で、今般の相続に関わりのある人物とは思ってもみませんでした。しかし現実には、この保険金の受取りを含めて、今回の相続の大半の権利を握る人物は幸則さんだったのです。

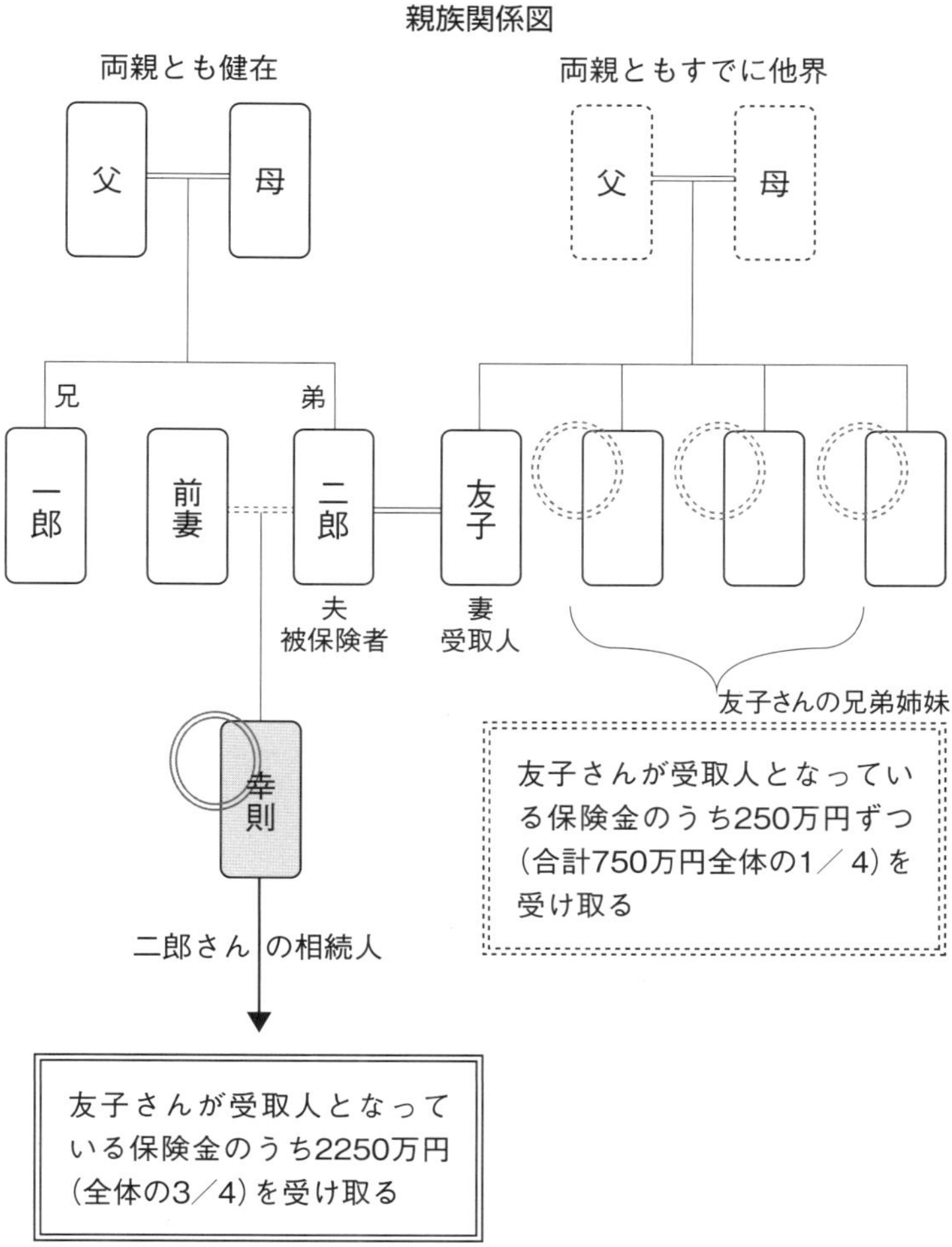
親族関係図
両親とも健在
両親ともすでに他界
父
母
父
母
兄
弟
一郎
前妻
二郎
友子
夫
被保険者
妻
受取人
友子さんの兄弟姉妹
友子さんが受取人となっている保険金のうち250万円ずつ(合計750万円全体の1／4)を受け取る
幸則
二郎さんの相続人
友子さんが受取人となっている保険金のうち2250万円(全体の3／4)を受け取る

保険金受取人である友子さんの死により、保険金受取人が友子さんからその相続人に変更され、二郎さんが「友子さんの配偶者」として新受取人になりました。続いて二郎さんが死亡したので（保険事故の発生により）、新受取人の二郎さんが保険金を請求する権利を取得します。それと同時に、二郎さんの死亡により相続が発生し、その請求権は二郎さんの子供である幸則さんに相続されました。そこで、幸則さんが、実の父である二郎さんが死亡したことにより発生した生命保険金の一部（父の受取分である4分の3に当たる2250万円）を二郎さんからの相続分として受け取ることになったのです。

残り4分の1に当たる750万円については、友子さんの兄弟3人が均等に250万円ずつ受け取りました。

結果として、遺族のなかで生前の二郎さんにとって最も近い存在であった一郎さんには、保険金が1円たりとも渡ることはなく、他の相続財産を受け取る権利もありませんでした。

（注）この事例は、20年以上前の出来事です。このようなケースでの保険金の受取割合については、「均等配分とする」という判例も出ています（最判平成5年9月7日民集47巻7号4740頁）。

事例⑭ 保険に関するいろいろなトラブル事例

■受取人についてのトラブル1

敏雄さんは前の結婚期間中に、前妻を受取人にした生命保険に加入していました。その後、離婚して別の人と再婚しましたが、その保険の受取人を変更せずに亡くなってしまいました。敏雄さんは「妻」に保険金を残すと考えていたので、再婚したら受取人は自動的に現在の妻に変更されるものと考えていたようです。

敏雄さんから生前「生命保険をかけているから」といわれていた現在の妻は、保険会社に事情を話しましたが、このケースでは現在の妻が死亡保険金を受け取ることはできませんといわれました。**離婚時や、受取人死亡時はすぐに受取人を変更しておきましょう。**

■受取人についてのトラブル2

美幸さんは、一人息子を生命保険の死亡保険金受取人に指定していましたが、事故で息子が亡くなってしまいました。受取人変更を申し出たところ保険会社が受取人として認めている三親等に該当者がなく、保険契約を解約するようにいわれました。
ただし、他の保険会社には例外を認めるところもありました。**親族が少なく受取人となれる人が複数いない場合には、加入時に受取人死亡時の扱いについて保険会社に確認しておくことも必要です。**

■ **契約形態についてのトラブル**

「契約者：父、被保険者：長女」というケースで、契約者である父親が亡くなりました。父親は長女に残すために、数百万円の解約返戻金がある保険に一時払いで加入していました。長女は現在病気をもっており新しい保険に加入することができないため、父親が加入してくれていた保険をいずれ譲ってもらうつもりでした。

ところが、このような契約形態の保険は、契約者死亡時には、解約返戻金相当額が契約者（父親）の相続財産となります。このケースは相続人同士が遺産分割でもめたため、この保険は解約し、相続人で分与することになってしまいました。

生命保険は被保険者の財産ではなく、契約者の財産であるということを認識しておきましょう。

お役立ち情報　生命保険と税金

生命保険の死亡保険金は、指定された受取人（死亡保険金受取人）の財産になります。死亡保険金を受け取ったときの税金の扱いは、その生命保険契約の「契約者（保険料負担者）」「被保険者」「死亡保険金受取人」が誰になっているかで、異なるので注意が必要です（下表参照）。

契約者と被保険者が同じ場合（表中A）には、相続税がかかります。死亡保険金は本来の相続財産ではありませんが、Aのような契約形態では相続税の対象になることから「みなし相続財産」と呼ばれています。また、相続人が受け取る死亡保険金は、「500万円×法定相続人の数」まで非課税となります。相続人が妻と子2人なら、非課税枠は1500万円です。

契約者と受取人が同じ場合（表中B）には、「死亡保険金

生命保険の契約形態と死亡保険金の扱い

死亡保険金の扱い	契約者	被保険者	死亡保険金受取人	死亡保険金の税金
A：みなし相続財産	夫	夫	妻	相続税（※）
B：一時所得	妻	夫	妻	所得税・住民税
C：贈与財産	妻	夫	子	贈与税

※受取人が相続人の場合、「500万円×法定相続人の数」まで非課税

額－支払った保険料－控除額（最大50万円）」が一時所得となります。そして、「一時所得の2分の1」が、他の所得と合算されて、所得税と住民税の対象となります。

そして契約者と被保険者、受取人すべてが別の場合（表中C）には、契約者から受取人への贈与となり、贈与税の対象となります。契約者と受取人の間で相続時精算課税制度を利用しておらず、同じ年に他から贈与を受けていない場合には、110万円までは非課税です。

なお、「契約者」と「保険料を負担した人」が異なる場合には、保険料を負担した人と被保険者や受取人との関係で判断されます。

このように、生命保険には、

① 保険の対象となる人（被保険者）が亡くなったときに現金（保険金）が受け取れる
② 受取人を指定しておけば遺産分割の対象外となり、相続放棄しても受け取れる
③ 一定額までが非課税になる

という特徴があることから、納税資金準備や遺産分割対策など、さまざまな相続対策に利用できます。

事例⑮ 自宅は自分の名義に

13年前の年末、夫（寺脇雄二・公務員）は57歳の若さで大動脈瘤破裂のために亡くなりました。その頃重い更年期障害で苦しんでいた私（寺脇涼子・当時52歳）は、夫の早すぎる死のショックで精神的に不安定になり、起きるのも辛い状態でした。葬式はもちろん、死後の諸々の手続も、私や夫の家族に手伝ってもらいながら、なんとかこなしていました。

そういう状態でも、相続の手続は避けることができません。夫の相続財産は18年前に建てた自宅と預金ですが、夫はその前年に義父の遺産を相続していたので、かなりの金額の預金がありました。相続手続をたのんだ税理士から「法律では、子供がいない場合、妻が3分の2、親が3分の1相続することになっている」と聞いた私は、深く考えることができず、「家の権利も現預金も3分の1を義母に渡さなければいけない」と思い込んでいました。

そんなとき、ファイナンシャル・プランナーの資格をもつ妹が「お姉ちゃん、不動産は絶対自分ひとりの名義にしないとだめ。もし自宅を寺脇のお姑さんと共有名義にして、お姑さんが死んだら、この家はお姉ちゃんと姪の真知子ちゃんのものになるのよ。それでいいの？　これからひとりで暮らしていけるだけのお金があるのなら、お姑さんにはお金を渡して、自宅はお姉ちゃんのものにしたほうがいい」と助言してくれました。

夫が入っていた生命保険の死亡保険金を受け取り、遺族年金ももらえるので、義母に全財産の3分の1に当たる額の現金を渡しても、生活には困りません。また、離れて住んでいる義母は私たちの家を相続したいとはいわなかったので、相続手続はスムーズに終えることができました。

そして一昨年、元気を取り戻した私

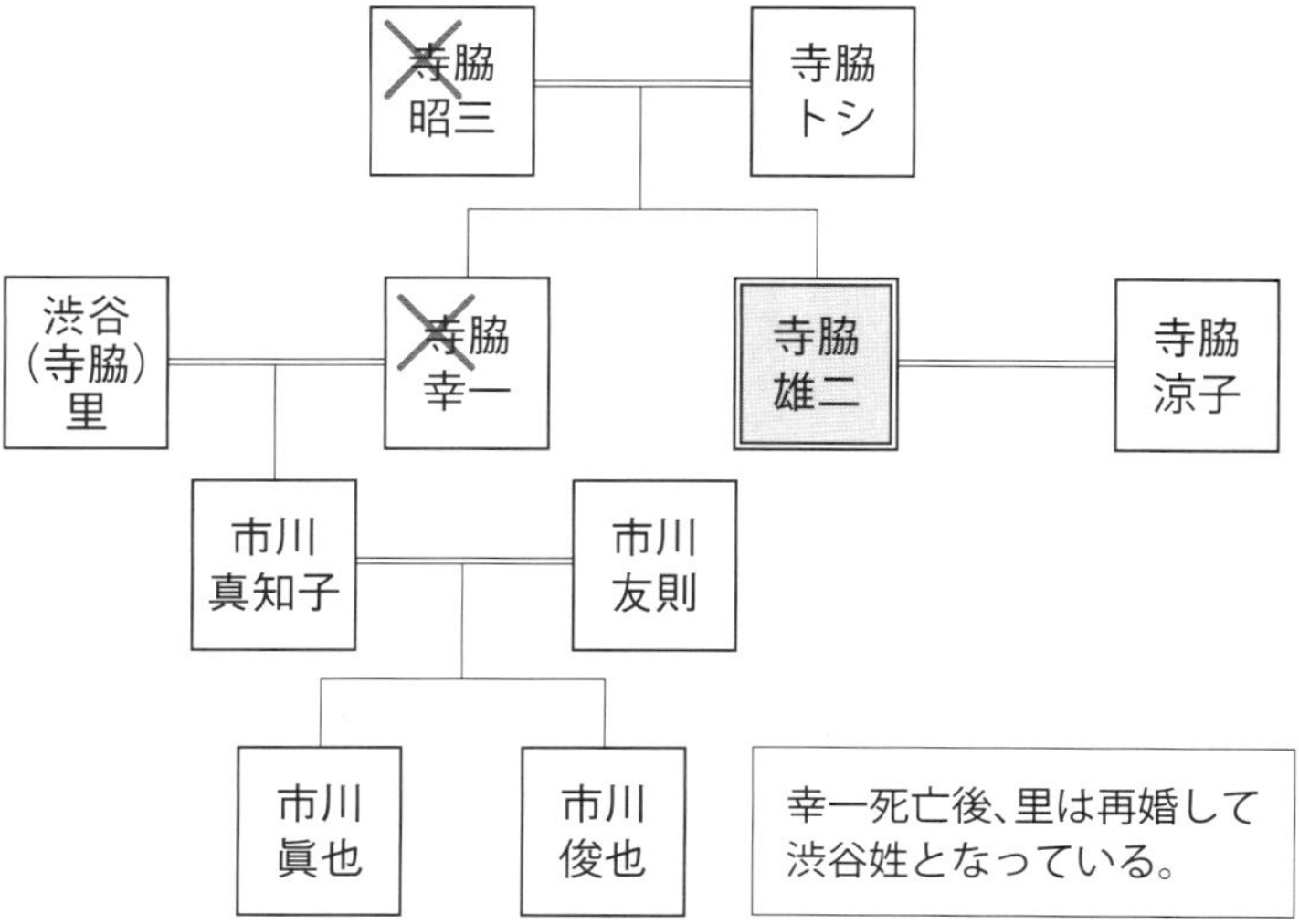

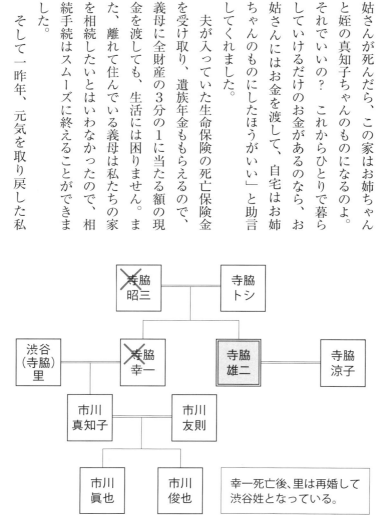

は、実の両親の介護のこともあり、自宅を売って実家近くに引っ越すことにしました。自宅の土地は驚くほど値下がりしていましたが、注文建築で建てた家を気に入ってくれる人が現れ、売却話はとんとん拍子に進みました。その時初めて妹が**「不動産は1人の名義にしたほうがいい」**といった意味がわかったのです。

その頃義母は認知症が進んでおり、とても不動産売買の書類を理解できるような状態ではありませんでした。もしも自宅を共有名義にしていたら、売却もままならなかったかもしれません。的確な助言をしてくれた妹に感謝し、いまでも何かと相談しています。

事例⑯

遺族年金をもらいそこねるところだった

亡くなった義父（享年80歳）は、長年、公務員として勤務していましたが、数年間だけ民間企業でも働いていたため、公的年金は「老齢基礎年金」「退職共済年金」のほか、少額の「老齢厚生年金」を受け取っていました。義母は「老齢基礎年金」だけです。その義父は義母に、生前「老齢厚生年金は自分が生きている間だけ受け取れるもの。自分が亡くなった後は、お前は遺族共済年金しかもらえないよ」といっていたのだそうです。

各種名義変更や相続の手続を手伝っていた私は、「そんなことはありませんよ。遺族厚生年金ももらえるはずです」とアドバイスしましたが、義母は義父がいっていたのだから、間違いないと譲りません。

現在の日本の公的年金制度は、すべての国民の共通制度である「国民年金」をベースに、公務員が加入する「共済年金」や、会社員が加入する「厚生年金」が上乗せされる2階建て構造になっています。義父は国民年金から支給される「老齢基礎年金」に加えて、2階部分である「退職共済年金」と「老齢厚生年金」を、それぞれに加入していた期間分だけもらっていたのです。

養父の場合、老齢基礎年金は義父が亡くなったら支給は終わります。しかし「退職共済年金」と「老齢厚生年金」については、どちらの年金も、養父に生計を維持されていた義母がその4分の3の金額を「遺族年金」として受け取ることができるのです。「少しでも年金額を増やせれば楽になります。私を信頼してください」と義母を説得し、各種書類を準備して手続にも同行して遺族厚生年金受給の手続をすませることができました。

月額にして1万円ほどですが、年金生活者にとって1万円は重みがあります。絶対に受け取れないと思い込んでいた義母にとって、大きなボーナスとなりました。「本当にありがとう。嬉しい」と大喜び。私の嫁としての立場も急上昇しました。

日本の公的年金は、度重なる制度改正もあって、かなり複雑な制度になっています。2007（平成19）年には、年金記録の不備やミスも大きな社会問題になりました。**年金は多くの人にとって老後の大切な収入源です。**自分や親族の年金に、記録ミスや請求漏れがないかどうか、ぜひ確認していただきたいものです。

事例⑰　先祖代々の土地が……

智之さん（54歳）は、先祖代々引き継がれた山二つと3ヘクタールの農地をもつ農家である加納家の長男として生まれました。智之さんのお母さんは、智之さんが小さい頃に3人の子供を残して亡くなりました。その後、お父さんは再婚して妹が2人生まれ、5人の兄弟姉妹は仲良く育ちました。

智之さんはサラリーマンにあこがれ、卒業後は都会に出て会社勤めをするのが夢でした。しかしこのような山間の農地では、農業をするには人手が必要です。長男である智之さんは、自分の夢を捨てて農業を継ぐことを決意し、先祖代々の農地を守っていくことにしました。弟や妹たちも、学業の合間に農業を手伝ってくれました。

やがて、兄弟姉妹たちはそれぞれ結婚や就職で家を出ていき、智之さんも結婚して3人の子供に恵まれました。順調に両親と農業を営んでいましたが、お父さんが75歳の時に突然倒れ、看病の甲斐もなく亡くなってしまったのです。悲嘆に暮れながらも、心を込めて野辺の送りをすませました。

死亡後10カ月以内に相続の手続をしなければならないと聞いた智之さんは、兄弟姉妹と相談して、**配偶者の税額軽減**を利用するなど相続税がかからないように、全財産を義母が相続するように手続をしました。

あるとき、友人から「そういえば、お前のところの相続はどうした?」と聞かれました。

（智之）「うん。相続税がかからないように、母がすべて相続する手続をしたよ」
（友人）「えっ!　じゃあ、お母さんが亡くなったら土地はどうなるんだ」
（智之）「もちろん俺が相続するよ。長男だから」
（友人）「お前のお母さんは後妻だよな。父親が再婚した時に養子縁組したか?」
（智之）「なんだそれ??　父親が再婚したから、僕は母の子供だろ」
（友人）「法律は違うんだぞ」

友人は図（次頁参照）に書いて説明してくれまし

配偶者の税額軽減

配偶者が実際に取得する遺産が1億6000万円以下か、法定相続分(この場合は1／2）以内であれば、配偶者に相続税はかからない。ただし、原則として相続税の申告期限までに遺産分割を終えて申告する必要がある。

加納家の家系図

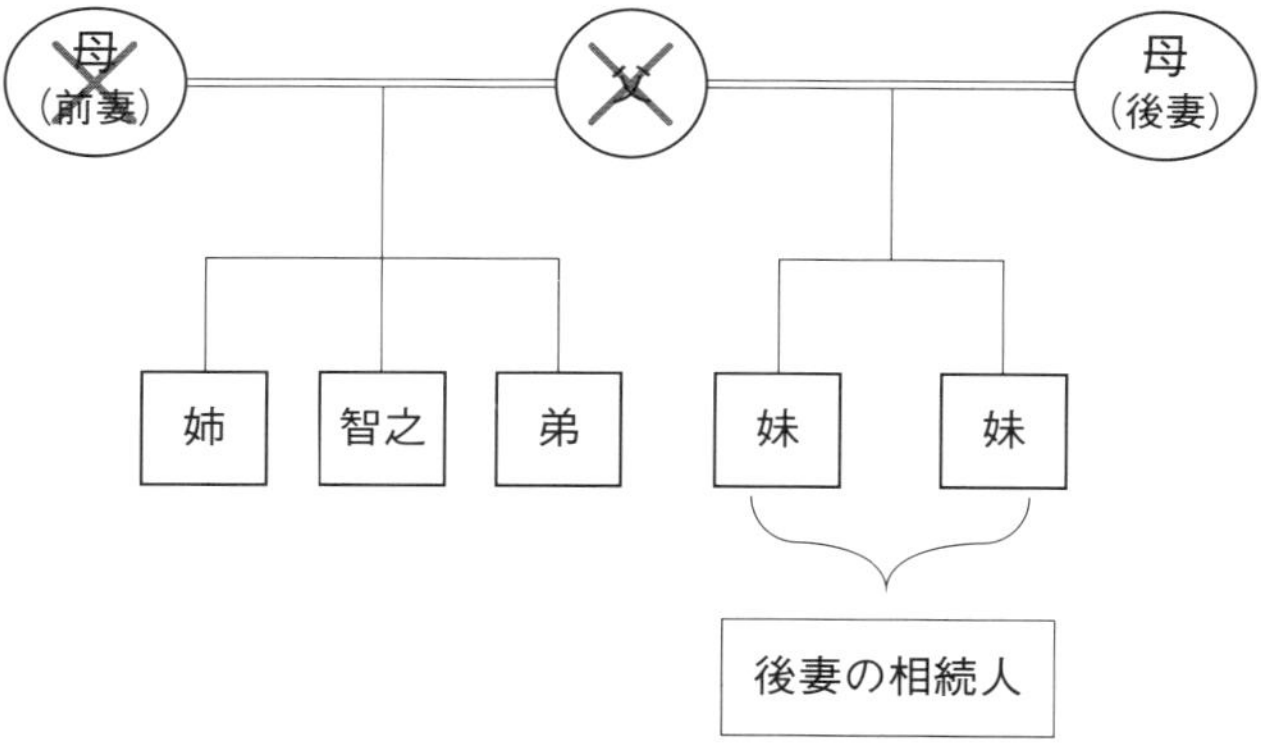

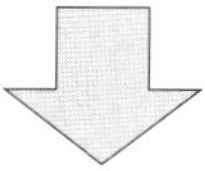

養子縁組後の家系図

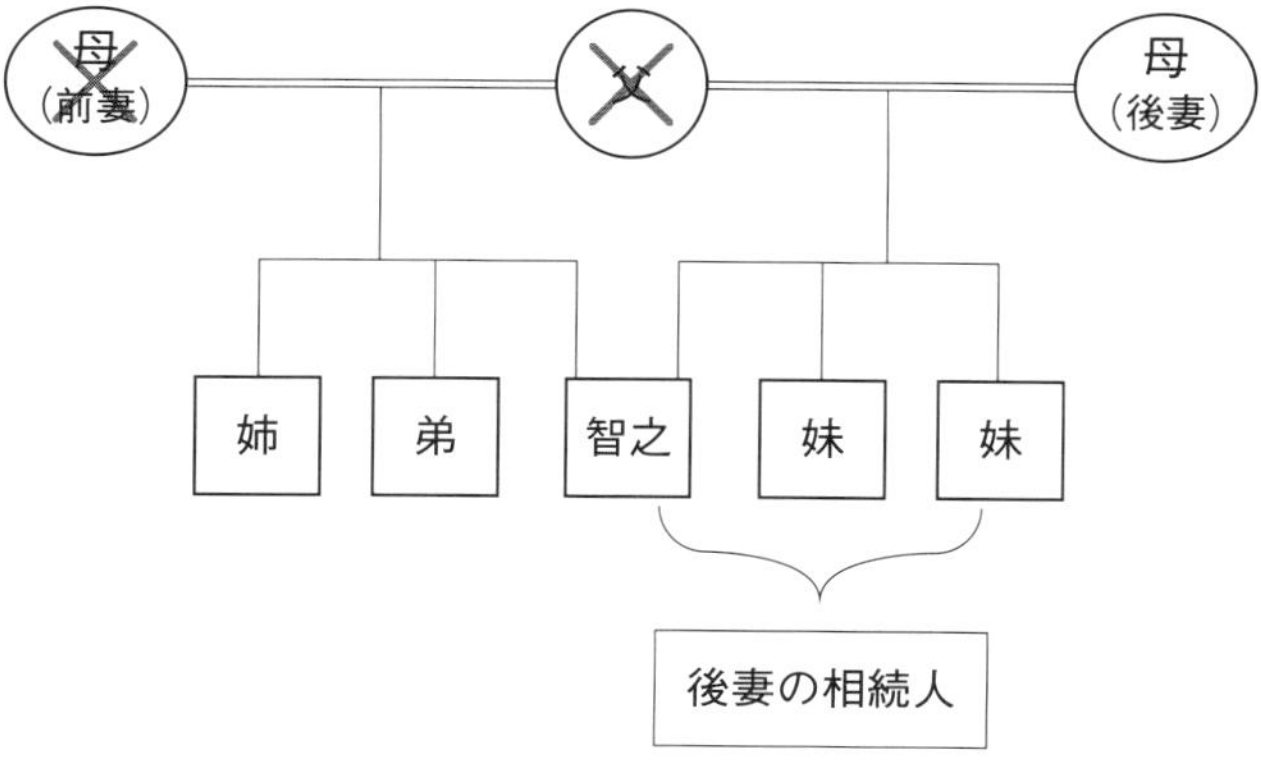

た。

（友人）「父親が亡くなった時は、後妻と子供5人が相続人だけど、父親の財産をすべて後妻が相続したんだろ。図をみればわかると思うが、後妻が相続した財産は後妻が死んだら妹2人にいくんだよ」

（智之）「えっ！　このままだと後妻の子供である妹2人に財産がいくのか？　先祖代々引き継いできた山も農地も、長男である俺は相続できないのか？」

（友人）「そうだよ、でもいまからでも、後妻と養子縁組すれば大丈夫！」

それを聞いた智之さんは、早速兄弟姉妹の了解を得て、智之さんと後妻との養子縁組の手続をしました。これで、智之さんは先祖代々の土地の相続人になり、ようやく智之さんは安心して農業を営むことができるようになりました。

事例⑱ 土地の相続トラブルあれこれ

■第1話

都内にいくつかの土地を所有していた赤松大三郎さん（享年80歳）が亡くなりました。大三郎さんの相続人は、長男の明さん（55歳）と二男の修さん（50歳）だけです。

さて、遺産分割の話合いをしたのですが、まとまりません。なぜならば、どちらも港区A町の土地をほしいからです。２人とも大三郎さんから生前に「この土地はお前にやる」といわれていたと主張し、どちらも譲りません。大三郎さんが亡くなったのは不動産バブルの頃でした。地価はピークに近い時でしたので、相続税額を計算する元になる路線価も相当なものでした。

双方とも弁護士を入れた争いが続き、10年以上争った結果、土地を売却して現金で分けるということでようやく話がまとまりました。しかし、その間に土地の値段がどんどん下がり続けた一方で、相続時の路線価で計算された相続税納税額は変わりません。しかも延納でしたので、延納利子税もかかりました。そのため、決着がついた時には、納税額は売却額を超えていたのです。

【問題点と対策】

この事例では、生前に相続の希望をあいまいに伝えていたことがトラブルの原因になりました。

親としてはどの子供にもいい顔をしたいものですが、このように２人に「同一の不動産を相続させる」というと、多くの場合、相続開始時に問題が起こります。

生前に伝えるのであれば、関係者が全員そろっている場で、「Ａの土地を長男、Ｂの土地は二男」「土地は売却して相続人で分けるように」というように具体的に話して、みんなに納得してもらうとよいでしょう。

また、**遺言書やエンディングノートを書く際には、まず、どの資産をどの人に相続させるとよいのかをよく考えて書くこと、できればその内容を伝えておくことが大切です。**

〈第１話〉

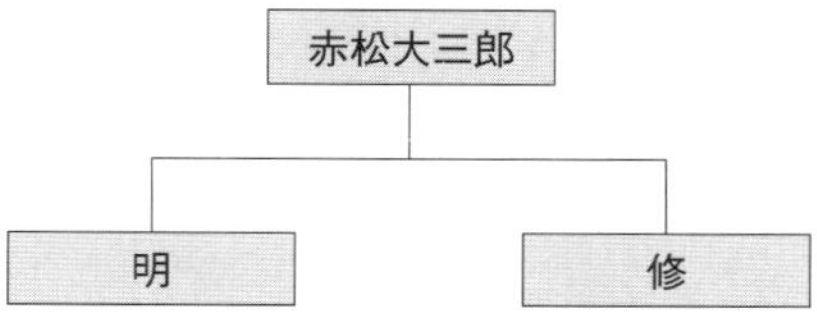

[赤松さんの土地価格]

所在地	相続開始時の売買相場	争い決着時の売買相場
東京都港区Ａ町	坪9,500万円	坪3,000万円

■第２話

田中恵子さん（78歳）は、長男一家と同居していますが、長男の守男さん（43歳）の妻とはそりが合わず、残念ながら守男さんともうまくいきません。一方、別のところに住んでいる二男の泰男さん（40歳）夫婦は、恵子さんのいうことをなんでも聞くので、よく可愛がっていました。そこで恵子さんは、自筆で書いた遺言書を泰男さんに預けていたのです。

恵子さんが亡くなった時、泰男さんは恵子さんの自筆証書遺言を開示しましたが、そこには、現金も土地もそれぞれ２人で分けるようにと書いてありました。実は、恵子さんが住んでいた家の土地は恵子さん名義でしたが、建物は守男さんの名義だったのです。遺言書どおりに相続した結果、守男さんが所有している建物の敷地は、守男さんと泰男さんの２人の所有になりました。

それからは、泰男さんは守男さんに対し「土地代（賃料）を払え」、守男さんは「払う必要がない」と争いになりました。その後、泰男さんは勤務先の経営状況が悪くなったためリストラにあってしまい、収入が激減してしまいました。その結果、相続した土地を長男に買い取るように要求しましたが、長男も手元の現金が少なく、買い取ることができません。

【問題点と対策】

土地を相続させる場合の大原則は、「共有にせず、単独所有にする」ことです。この事例は、大原則から外れた遺言書どおりに遺産分割してしまったために相続争いになった典型例です。

遺言を書くときには、その資産の現状（このケースでは相続財産となる土地に守男さんの家が建っている）や今後の利用方法を考えて、争いが起こらないように作成したいものです。

不動産を共有にして解決を後回しにすることは、問題をさらにむずかしくします。**子供の代で解決できず、孫や曾孫の世代にまで持ち越せば、さらに権利関係が複雑になる**からです。

〈第２話〉

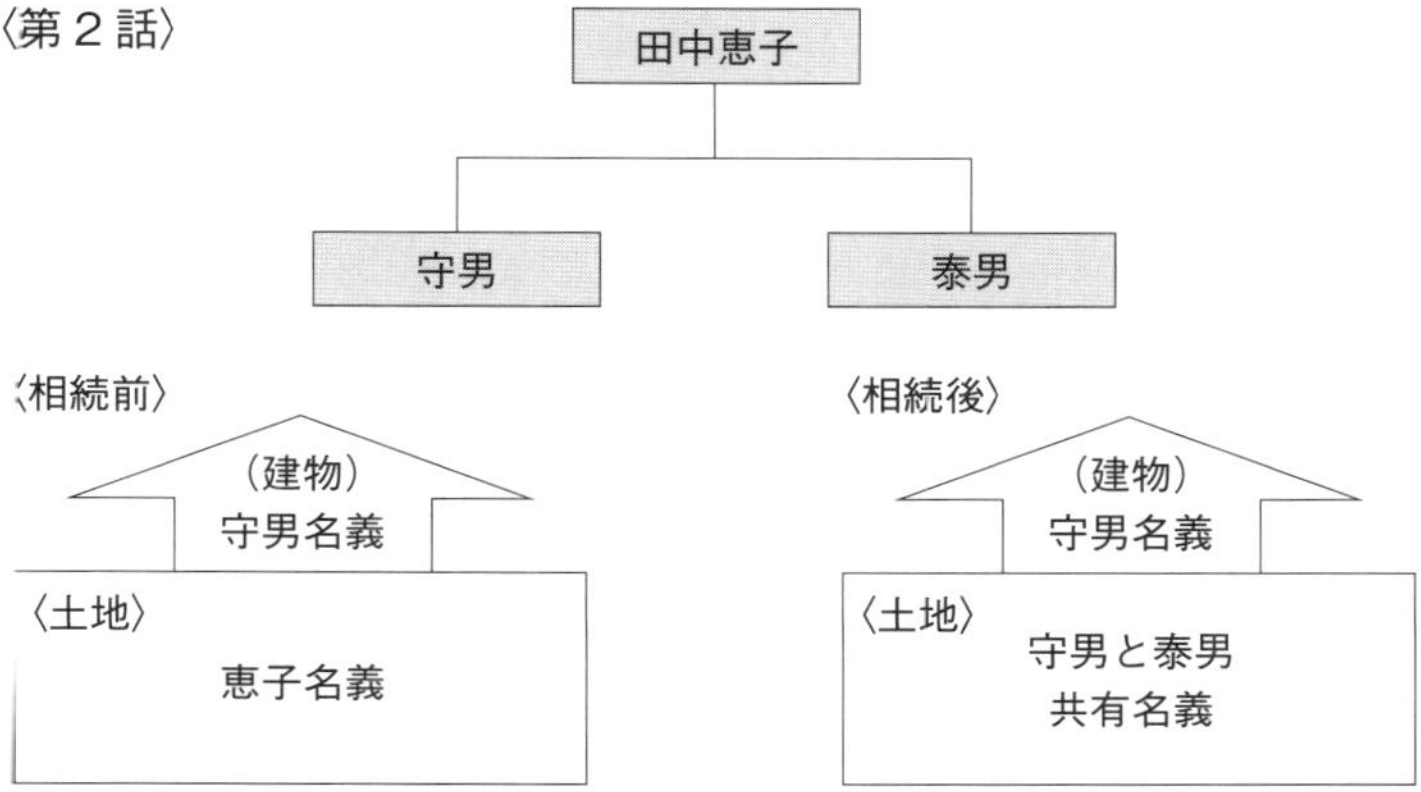

■第３話

西村雄二さん（71歳）は、創業50年の菓子舗の経営者（二代目）でした。長男の善雄さん（50歳）が店の手伝いをしており、実質的な共同経営者でした。子供は善雄さんのほか、長女のみどりさん（48歳・専業主婦）、二男の敏雄さん（45歳・サラリーマン）がいますが、自分の死後は善雄さんに三代目として事業を継いでほしいと思っていました。

雄二さんが亡くなった後に遺言書を開いてみたところ、菓子舗を営んでいる敷地と建物を子供３人で共有させる内容でした。雄二さんは長男の善雄さんに店を継いでほしいかったものの、子供たちの状況を考えた結果、みんなが平等になるようにと、土地建物を３人の子供に３分の１ずつ相続させる遺言にしていたのです。

というのは、開業医に嫁いでいる長女は、３人の子供をそれぞれ大学の医学部に進学させようとしているので教育費の負担が大変でした。また、二男は新居を購入したばかりなのに勤務先が倒産し、住宅ローンの返済に苦労していたのです。

相続の手続終了後しばらくしてから、みどりさんと敏雄さんが善雄さんに対して、土地建物を処分して現金化するように要求してきました。善雄さんは三代目を継ぎましたが、祖父の代からの菓子舗を続けていくことはできなくなりそうです。

【問題点と対策】

この事例は、事業の承継を考えずに遺言を書いてしまったケースです。

親として、どの子供にも平等に財産を引き継がせたいと考えるのは当然ですが、どう分ければ後継者が事業を続けられるかを考えることも大事なことです。

会社経営や商売をしている人は、後継者を指名するだけではなく、事業に関係する資産、なかでも土地建物等は事業を承継する人に相続させることが必要です。

また自社株については、たとえ不平等になるにしても、後継者が経営権を確保できる株数を相続させなければなりません。不平等な配分の理由や親の気持ちを、エンディングノートや遺言書の付言事項に書いておくとよいでしょう。

〈第3話〉

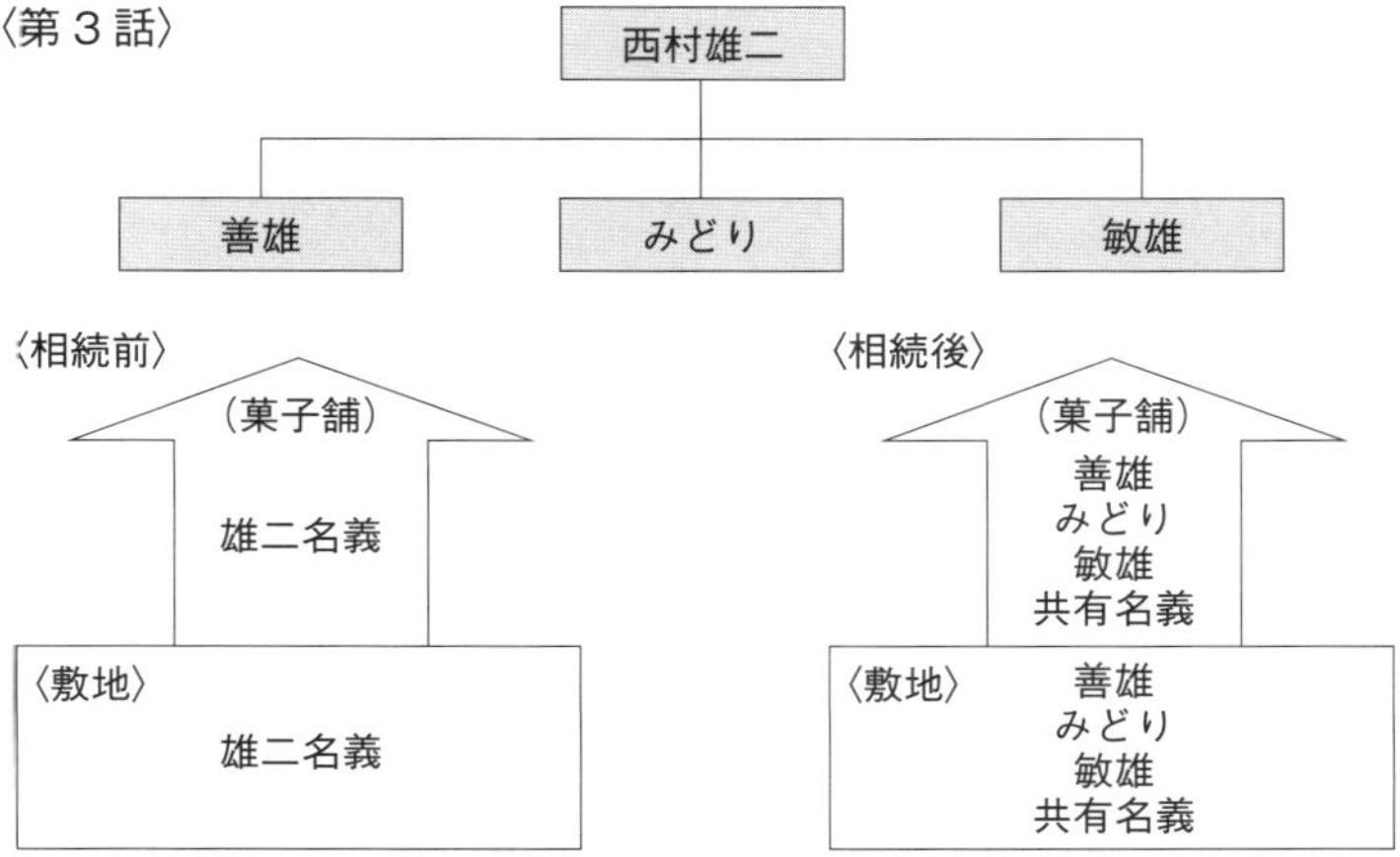

■第４話

茨城県に住んでいる佐藤義郎さん（68歳）の父親が亡くなりました。お葬式の時には、秋田県に住む叔父さんが親身になってあれこれ手伝いや助言をしてくれたので、とても助かりました。叔父さんは秋田県にある父親の実家を継いで農業をしています。ちょうど農閑期だったこともあり、危篤に陥ったときから葬式いっさいが終わるまで、ずっと義郎さんの家に寝泊まりしてくれました。

葬式も無事終わり、相続手続のため財産目録をつくりました。不動産は、母親と義郎さん一家が住む自宅の土地のほか、茨城県内に2カ所の土地があり、遺産分割協議の結果、自宅は母親と義郎さんの共有、他の土地は義郎さんの妹さんが単独で相続しました。

ところが、13回忌が終わった頃、その叔父さんから連絡がありました。「おど（義郎さんの父親のこと）の土地があった」とのこと。秋田県にある畑を道路拡張のために県が買い上げることになり、調べてみたら父親の名義の畑があったのだそうです。祖父が亡くなった時に父親が畑の一部を相続していたのですが、そのことを母親も子供たちも知りませんでした。そこで、その畑の相続の手続と県への売却の手続が必要になりました。

【問題点と対策】

この事例は、生まれた場所（出身地）と、亡くなった時に住んでいた場所が違う場合に起きやすいケースです。

所有者と固定資産税の納税者が異なっている場合や、固定資産税が非課税の場合には、その土地などが相続財産目録から漏れてしまうことがあるので注意しましょう。 相続税がかかる場合には、修正申告が必要になることもあります。

親から相続した故人名義の土地等がないか、故郷の役場等で確認しておくとよいでしょう。

〈第4話〉

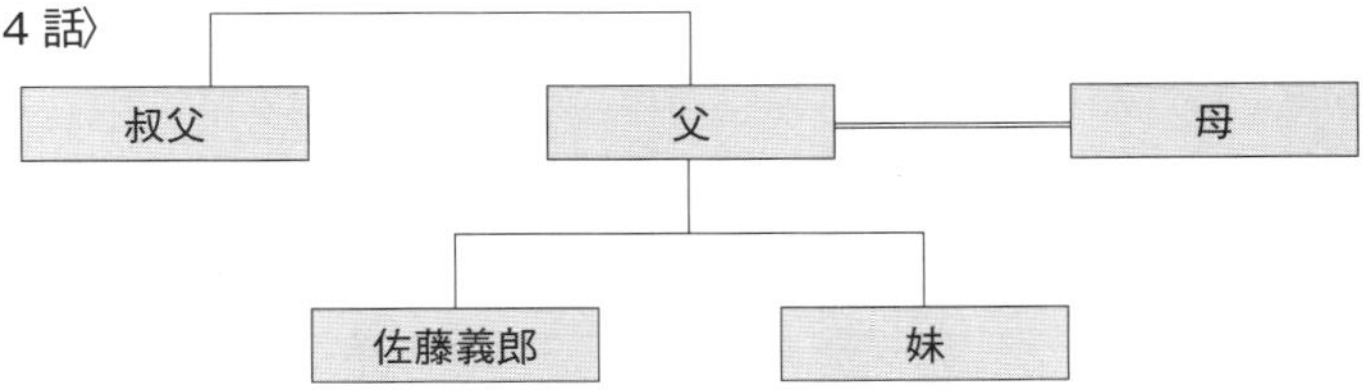

［不動産明細］

所在地	地　目	財産取得者	備　考
茨城県Ａ市Ｂ町	宅地	妻・長男	自宅
茨城県Ｃ市Ｄ町	宅地	長女	
茨城県Ｅ郡Ｆ町	雑種地	長女	
秋田県Ｇ郡Ｈ村	畑		相続発生時には存在わからず

■第5話

五島一郎さん（52歳）の父親の甚五さん（享年80歳）が亡くなりました。相続人は母親のハナさん（74歳）、弟の定次さん（50歳）、妹の陽子さん（48歳）の4人です。遺産分割をするためには、財産目録をつくらなければなりません。金融資産はなんとかなったのですが、不動産が大変でした。

甚五さんは九州出身で就職の時に東京に出てきたのですが、調べた結果、甚五さんの父親（松吉さん）から相続した土地が九州にあったのです。このほか、雪国での暮らしに憧

〈第5話〉

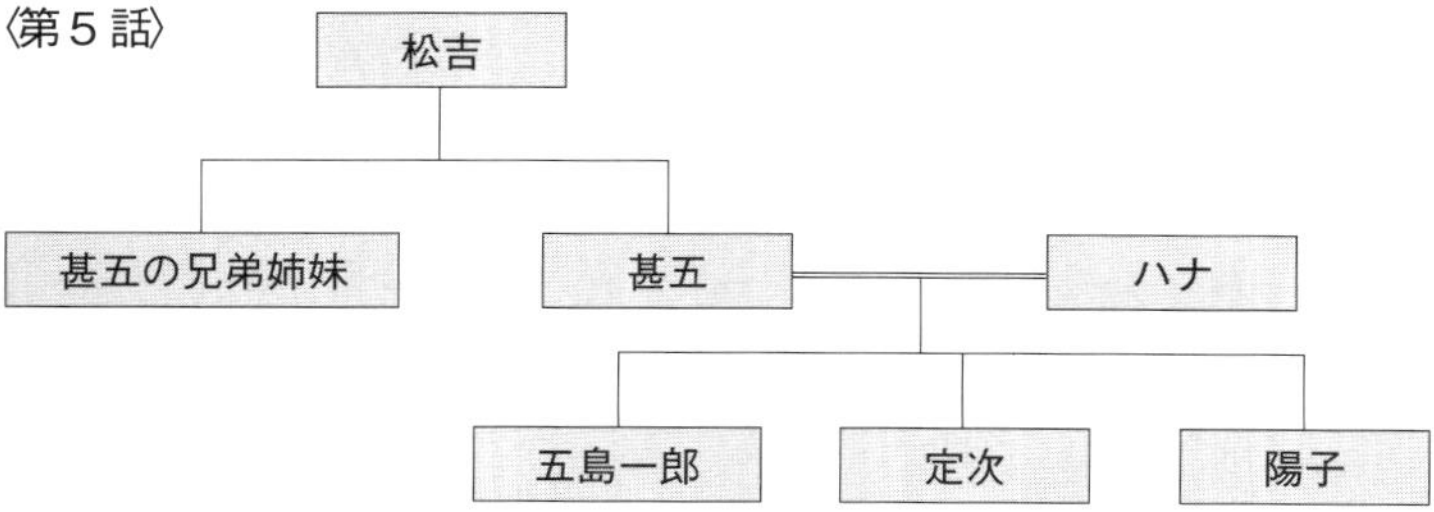

[財産目録]

財産の種類	明　細	備　考
金融資産	預貯金	A銀行、B銀行
金融資産	有価証券	C証券
不動産	東京都（自宅）	土地、建物
不動産	熊本県（宅地）	松吉名義
不動産	北海道（山林）	利用希望なし

れた甚五さんが買った北海道の土地もありました。

しかも九州の土地は、松吉さんの相続の時に遺産分割協議をしたものの、甚五さんへの相続登記（名義変更）をしておらず、松吉さん名義のままでした。

北海道の土地は今後利用できそうもなく維持費ばかりかかるので誰も相続したくありません。自治体に寄付を申し出ましたが、断られてしまいました。


【問題点とその対策】

この事例は、遺産分割協議後すぐに相続した不動産の所有権移転の登記をしなかったことや、遺族が利用することのない財産を早めに処分しておかなかったことで、相続の際に困ることになったケースです。

活用せずに所有しているだけの不動産は、固定資産税等のランニングコストがかかるうえに、相続時には余計な手続が必要になります。自治体への寄付を申し出ても、受け入れてもらえないことも多いようです。

利用していない不動産は、早めに処分しておきましょう。

事例⑲ 価値のわかる人に引き継がないと二束三文

ある春の日曜日、裕子さん（32歳）と恵理さん（29歳）の姉妹は、実家の建替えの際に不用品となった品物を売ってお小遣いにしようと、フリーマーケットに出店しました。洋服類や小物のほか、亡くなった祖母が大切にしていた陶器類などを並べました。きれいな絵付けのある大皿類も使う機会がないので思い切って処分することにしました。

午前中はそこそこ売れていましたが、午後になると客足がぐっと落ちてしまいました。

「お姉ちゃん、この大皿類、５００円に値下げしようよ」と恵理さん。裕子さんも「そうだね。前の家のような大きな納戸はなくなるから、持ち帰っても置き場がないしね。売ってしまおう」と、大幅に値下げすることにしました。

値下げしたから、というわけではなさそうですが、中年の婦人がその皿を眺めて、

「本当にこの値段でいいの、これあなたたちの物ではないでしょう？」

と話しかけてきたのです。

「ええ、亡くなったお祖母ちゃんが好きで集めていたものです。家を建て直さなくてはな

らないので、整理しようと思って」

「気に入った人に買っていただければお祖母ちゃんも嬉しいかと」

と勧めると、2枚買ってくれました。

「あなたたち、価値がわかってないわね。これはね、フリーマーケットでこんな値段で売る品物ではないわ。お皿がかわいそうよ」

その言葉を聞いて2人は、お祖母ちゃんは骨董品が大好きで、蚤の市に行っては少しずつ買い集めていたことを思い出しました。もしかしたらこれらのお皿も値打ち物なのかもしれません。でも価値がわからない2人にとっては、単なる不用品です。

いくら価値がある物を残しても、価値がわからずに処分されてしまっては意味がありません。このケースは価値がわかる人に買ってもらえたのが、せめてもの救いでした。**趣味の物などで家族に興味のある人がいないのであれば誰かに差し上げるなど、亡くなったあとの処分についての希望を家族に伝えておきましょう。**

第3章

医療・介護

自分では元気だと思っていても、いつどうなるかは誰にもわかりません。現在の身体の状態や主治医のこと、もし認知症などで意思を伝えることができなくなったときにどうしてほしいのか、などをエンディングノートに書いておきましょう。

■現在の健康状態について

持病や常備薬、過去の病歴をエンディングノートに書いてそのコピーを持ち歩いておけば、外出中に倒れて救急車で病院に運び込まれたときや、緊急に入院・手術をするときに、すぐに必要な検査や治療を受けることができます。初期治療開始の早さが、あなたの命を助けるかもしれません。また、かかりつけ医の氏名や病院名、診療科目、電話番号などの連絡先を書いておくと安心です。介護を受けているときは、介護事業所やケアマネジャーの名前も書いておきましょう。

■認知症や寝たきりになった場合

認知症や意思の疎通ができなくなったときには、自分以外の誰かが医師の説明を聞いて医療や介護の方針を決めなくてはなりません。また、自分で身の回りのことができなくなったときには、誰かに介護や財産の管理をたのむ必要が出てきます。そのようなとき、あなたの気持ちを代弁して、あなたが望む治療や生活ができるように支援してくれる人を決めておくことは、とても大事なことです。どこで誰に介護してほしいのか、費用は準備しているのか、お金など財産のことは誰に託したいのか、などの希望はエンディングノートに書くだけでなく、託す人に事前にお願いしておくことも必要です。

■死期が迫った場合

回復の見込みがなく死期が迫った場合の延命治療について、自分の意思を示しておかない限り自分以外の人が決めなくてはなりません。しかし、子供同士でも意見の相違があったり、本人の心のなかにも葛藤があったりと、延命治療については本当に悩みが深いものです。判断する人に負担をかけないためにも、延命治療を望むか望まないかを書いておきましょう。若いうちは、「延命治療はいらない」と思っても、年とともに「少しでも長生きしたい」と思うようになるかもしれません。気持ちが変わったときは書き直して、書いた日付を書いておくとよいでしょう。その時の正直な気持ちを書いておくことをお勧めします。

また、医療や介護の方針についても、近くに住んで毎日のように会っている人と、たまにお見舞いに来る人とでは感じることも違い、家族間でご意見が異なることはよくあります。医療や介護のキーパーソン（判断を任せる人）を決めてエンディングノートに書いておくと、家族同士のいさかいも避けることができます。

事例⑳　医療に問診票はつきもの

■突然の発病

集中治療室で目を覚ました当時50歳の花子さんの目に映ったのは心配そうに見つめる夫と４人の子供たち。「気がついたか？　子供たちもいるぞ」と夫の声。重ね合わせるように「お母さん」「お袋」と呼ぶ子供たちの声が……。花子さんは点滴をつけ酸素吸入をした状態で集中治療室のベッドの上に横たわっていました。２００５年11月２日は花子さんにとって忘れることのできない目覚めの日となりました。

シングルファーザーの長男は夜の遅い仕事なので、隣に住む花子さんが親代わりとして孫たちの面倒をみていました。当時は、自宅で孫たちに夕食を食べさせた後に隣に連れ帰り風呂に入れ、寝るのを見届けてから仮眠をとり、長男の帰りを待って夜中の１時頃に自宅に戻るという生活でした。

２００５年11月１日、いつもより早く自宅に戻った花子さんは、「頭が痛いから救急車を呼んで」と次女の悠子さんにたのみ、自宅近くのA病院を指定しました（このあたりから集中治療室で目覚めるまでの記憶はまるでありません)。救急車でA病院に運ばれ、そのまま入院になりました。翌朝、頭部のレントゲン写真をみた外科部長から「くも膜下出血だと思います。専門医のいる病院に連絡をとりましたので、これからそちらに転送します」との説明があり、すぐに救急車で専門医のいるB病院に移されました。専門医の診断も原因不明のくも膜下出血で、「おそらく静脈から血液が漏れ出たのでしょう」という話でした。花子さんは安静状態のままで33日間を病院で過ごし、退院しました。幸い後遺症はなく、退院時に「頭が痛くなったら我慢をしないで薬を飲むように」と、医師から頭痛薬を処方されました。その頭痛薬がいままでは花子さんの常備薬になっています。

■問 診 票

病院で診察を受ける前に問診票を渡されて「こちらに記入して保険証と一緒に出してください」といわれた経験はありませんか。問診票には、本人や家族の病歴、現在の病気の経過・状況、服用中の薬などを、質問に答える形式で本人が記入します。診療科によって若干の違いはありますが、基本的な部分の記入は同じです。医療に問診票はつきものだと考えておきましょう(次頁は、最近受診した時の問診票)。

花子さんが9年前に救急搬送された時は、救急隊員が、年齢や病歴、頭のどこが痛いの

問診票は、形式も多様で、診療科によっても問診の内容に違いがあります。

整形外科では人体図の部位に印をつける、歯科では健康保険外の治療の希望の有無、健康診断や入院時の問診票では家族の病歴を聞いていることが多いようです。

問診票の例

ご記入をお願いいたします。　　平成 26 年 12 月 1 日

名前	生年月日	年齢	性別
金財　花子	昭和30年1月1日	59　歳	男　女
住所　さいたま市浦和区常盤○－○－○		TEL　048-123-4567	

どのような症状ですか？

発熱　のどの痛み　咳　頭痛　腹痛　下痢　吐き気

嘔吐　背中の痛み　動悸　息切れ　めまい　胸の痛み

その他（　　）

その症状はいつ頃からですか（ 昨日の晩から　　）

現在飲んでいる薬はありますか？　（　　）

今までにかかった病気といつ頃かを教えてください。

糖尿病（　　）　高血圧（　　）　心臓病（　　）

腎臓病（　　）　喘　息（子供のころ　）　虫垂炎（24 歳の時　）

胃潰瘍（　　）　脳梗塞（　　）

その他（くも膜下…平成 17 年 11 月　　）

いままでに薬や食べ物でアレルギーを起こしたことがありますか？

☑ はい　　☐ いいえ

はいと答えた方のみお答えください。

薬（ なし　　）

食べ物（アルコール　日本そば　）

その他（ なし　　）

タバコ・お酒はお飲みになりますか？

タバコ　☐ 吸う（1日　本　喫煙歴　）　☑ 吸わない

お酒　☐ 飲む（ビール　焼酎　日本酒　その他（　））　☑ 飲まない

女性の方にお伺いします。

妊娠していますか（　ヶ月）　可能性がある　可能性はない

現在授乳中ですか　☐ はい　☑ いいえ

持病や常用薬について

血液型	持病・アレルギーなど	薬の種類など
B型 Rh−	頭痛・腰痛 アルコールアレルギー	頭痛薬（ロキソニン）

過去の病歴について

病歴・入院歴		投薬など
いつ頃	病名	
2005年11月	くも膜下出血	市立B病院入院
2013年10月	胃のポリープ	年１回胃カメラ検診・経過観察

お薬手帳

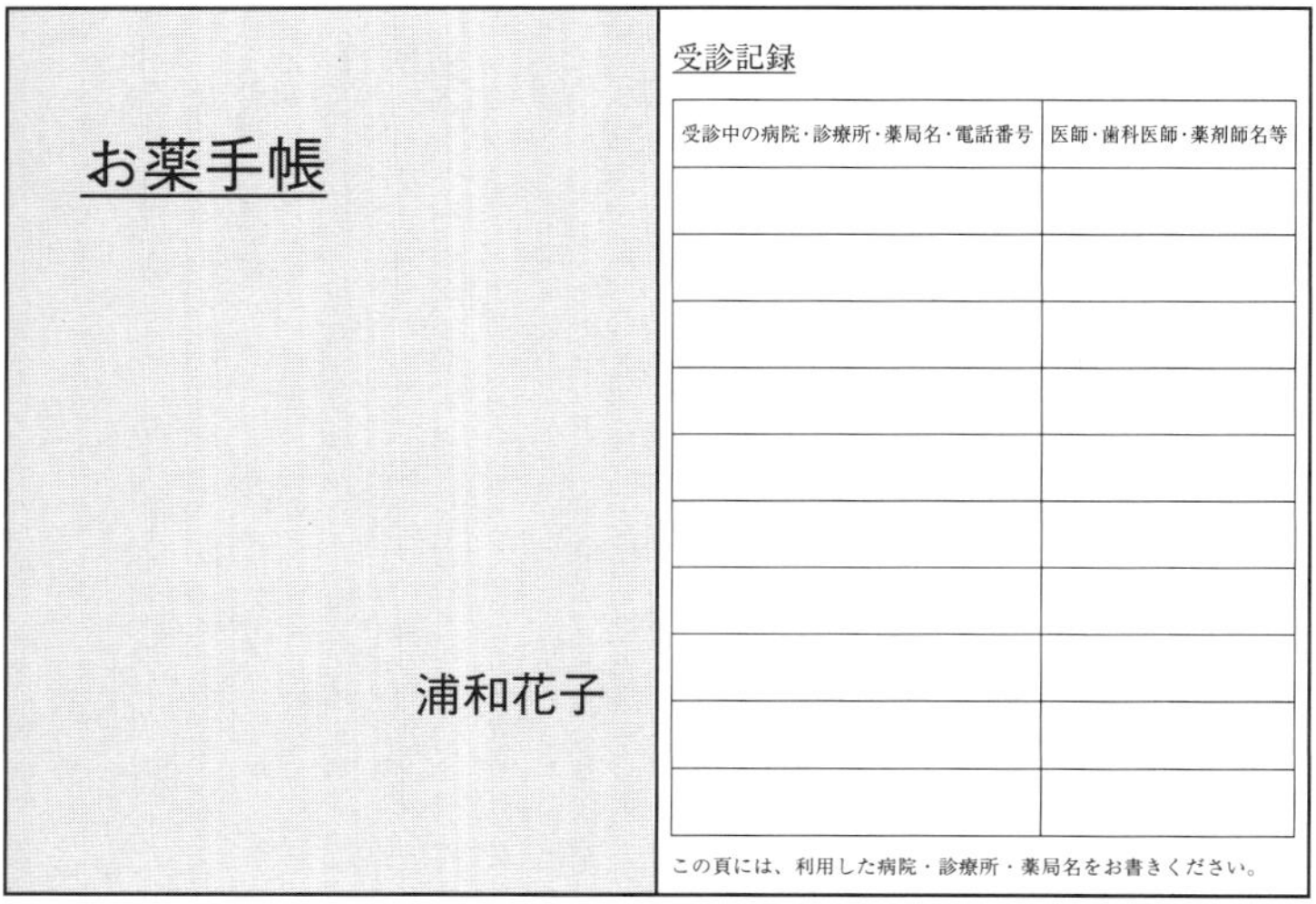

お薬手帳

浦和花子

受診記録

受診中の病院・診療所・薬局名・電話番号	医師・歯科医師・薬剤師名等

この頁には、利用した病院・診療所・薬局名をお書きください。

か、痛くなったのはいつ頃からなのか、服用している薬の有無などを聞きましたが、花子さんは答えられる状態ではなく、かわりに答えたのは娘の悠子さんでした。しかし、常に家族がいるとは限りません。家族が外出中で1人しかいないこともあるでしょうし、もともと一人暮らしという人もいるでしょう。**本人が記入できない、答えられない場合に備えて、医療に関する基本情報がわかるようにエンディングノートに書いておきましょう。**

書いておく項目は、「持病やアレルギー」「常用薬」「過去の病歴」「かかりつけ医」など。花子さんも過去の病歴についての欄に「2005年11月、くも膜下出血でB病院に入院」と書いています。薬については常用薬の欄に「頭痛薬（ロキソニン）」と記入し、お薬手帳と一緒に保管しています。

■かかりつけ医

かかりつけの病院があることはとても大切なことです。介護保険の申請にはかかりつけ医の意見書が、成年後見制度の申立てではかかりつけ医の診断書が必要です。花子さんがスムーズにA病院に運ばれたのも、かかりつけ医の紹介で検査や入院などはA病院を利用していたからです。

救急車が来ても搬送先の病院が決まらずに手遅れになるというケースもありますので、

身近なところにかかりつけ医を見つけておきましょう。健康でかかりつけ医がいないという人は、市民健診などを利用して普段から病院との縁をつくっておくとよいでしょう。

■健康情報

花子さんは、「あの日以来、もし外出中に倒れたら……という不安があるので、そうなってもすぐにわかるように病歴や服薬の記録を書き込んだ自分の健康情報を免許証や財布などと一緒にいつも持ち歩いています」と話してくれました。健康情報を携帯していれば、何かあっても適切に対応してもらうことができます。

また、最近の免許証や健康保険証の裏面には、臓器提供の意思表示ができるようになっています。すぐに本人の意思確認ができるので、臓器提供についての自分の意思を実行してもらうこともできます。

事例㉑　かかりつけ医がいることで安心

栄子さん（75歳）は、いままで大きな病気をしたこともなく、夫を亡くした後も、友だちと旅行に行ったり、趣味のサークルに入ったりと、元気に一人暮らしを楽しんでいました。しかし最近は、つまずいて転ぶことも多く、物忘れも増え、食事をつくるのもおっくうになってきました。そのせいか、一人暮らしに少し不安を感じるようになりました。かといって、住み慣れた場所から離れたくないので、遠く離れて暮らしている子供の近くに行く気持ちにもなりません。

そんなある日、同じ趣味の仲間で一人暮らしの寿美江さん（76歳）が、介護保険のサービスを利用し始めました。サービスの使い心地を聞いてみると、食事や洗濯などの生活支援を受けたり、リハビリのための通所施設にも行くことができるので、１人でも安心して暮らせるし、リハビリも効果があると喜んでいました。

栄子さんは、自分も介護保険のサービスを利用してみたいと思うようになり、どのようにしたらいいのか、市役所に聞きに行きました。すると、介護認定を受けるために必要な書類として、主治医の意見書が必要と聞き、はたと困ってしまいました。持病のない栄子さんは、かかりつけのお医者さんがいなかったからです。主治医として意見書を書いてもらうためには、ある程度時間をかけて、いまの生活での身体や心の状態を、その先生に詳しく知ってもらう必要があるというのです。

寿美江さんは元気そうにみえましたが、不調なことも多く、事あるごとに特定のお医者さんに身体のようすを診てもらっていたので、実はかかりつけ医がいたのです。ですから、介護保険の申請の時には、すぐに主治医の意見書を書いてもらうことができました。

どうしたものかと悩んでいた栄子さんですが、転倒や腰痛、物忘れが増え、身体の不安が大きくなっていたので、しばらく受けていなかった健康診断を受けることにしました。その結果、物忘れは老化によるものだとわかりましたが、転倒や腰痛は骨粗しょう症が原因であることがわかり、病院に通うことになりました。

しばらく通院していましたが、しだいに歩くことにも不安を覚えるなど、生活のなかで不自由なことも多くなってきたので、骨粗しょう症で通っているお医者さんにかかりつけ医として、主治医の意見書を書いていただき、介護保険の申請をすることにしました。

認定結果は要支援1。栄子さんは家事支援をたのむことにしました。そして、この先、身体の不調や何かあったときにもかかりつけ医に気軽に相談できると思うだけで、安心して暮らせるようになりました。

介護保険は、一度認定を受けたら一生そのままではなく、身体の状態がいまよりも悪くなれば、更新時期に関係なく変更の申請ができることを知りました。更新や変更の申請のときにも、やはり主治医の意見書が必要なので、栄子さんは、「またあの先生にお願いしよう」と心に決めています。そして、趣味仲間から、「自分よりも若い先生のほうが、自分よりも先に亡くなるリスクが少ないからいいわよ」という話を聞き、「いま通っている先生は、自分よりも若いから安心だわ」と心のなかでつぶやきました。

そして、かかりつけ医の先生には往診もしてもらえるので、具合が悪くて医院まで行けない時でも安心です。想像したくないことですが、万一自宅で倒れそのまま息を引き取ったとしても、かかりつけ医がいれば検死されずにすむことがあると聞き、「かかりつけ医」をもてたことに、ほっとしています。

これから先、介護サービスを利用しながら、安心して心穏やかに一人暮らしを続けたいと栄子さんは思っています。そしていままでは、「早くかかりつけ医を見つけておいたほうがいいわよ」と自分の体験をもとに、友人たちにアドバイスをするようになりました。

事例㉒ 認知症の親をどうするか

■物忘れの症状が出始めた

後藤一郎さん（83歳）は教育一筋で過ごしてきました。最後は小学校の校長を勤め、生徒や後輩教師を育てることにも力を注いだ、地域でも評判の教育者でした。5年前に妻京子さんを亡くし、長男雄一さん（55歳）と長男の妻明子さん（53歳・高校教師）、孫の幸子さん（27歳・会社員）、隆さん（24歳・大学院生）の5人で暮らしています。雄一さんは父一郎さんの影響を受け教師になり現在教頭職、夫婦そろって高校の教師で、2人とも忙しい毎日を過ごしています。

1年ほど前から、一郎さんに物忘れの症状が出始めました。はじめは年のせいだろうと、家族は見守っていましたが、日が経つにつれだんだん驚くようなことが増えてきました。たとえば、晩御飯を食べ終えた直後に「夕飯はまだですか?」といい、「お爺ちゃん、いま食べたばかりでしょ」とみんなでいっても、「いや、まだ食べてない」と言い張ります。これは認知症ではないかと疑い、インターネットで調べてみると、これ以外のいろいろな項目でもピッタリ合致していました。

一郎さんは京子さんと歴史探訪をするのが老後の楽しみで、昔はよく２人で出かけていました。電車で数駅先の北鎌倉周辺の散歩を思い出したのか、ある朝「今日は鎌倉に行ってきます」と、帽子をかぶり出かける用意をして朝食のテーブルにつきました。「お父さん、お１人で大丈夫ですか？」と明子さんが聞くと平然と「京子と待ち合わせているので」というので、家族全員が不安になり、隆さんに一緒について行くようたのみました。

外出から帰ってきた隆さんに聞いてみると、もう歴史探訪どころではなく、危なくて１人で出かけるのはやめさせたほうがよいという話でした。雄一さん、明子さんはこの一件でやっと決心がつき、嫌がる一郎さんを専門医に連れていくと、アルツハイマー病との診断でした。病院から紹介されて早速**要介護認定**を受けたところ、要介護２の判定でした。

■徘徊して迷子に

一郎さんは足が達者なので、行こうと思えばどこへでも出かけられてしまいます。隆さんも大学院があるので、一

要介護認定

介護保険制度において、被保険者が介護を要する状態であることを保険者が認定するもの。最も軽度の要支援１から最も重度の要介護５まで、７段階の介護度が設けられている。

郎さんにつきあってばかりはいられません。家族で相談し、明子さんが学年末の3月で休職して一郎さんの介護にあたることにしました。それまでの3カ月間は、訪問介護のヘルパーさんにも来てもらい、なんとか家族で協力して見守ることにしました。

一郎さんは相変わらず自宅の周辺を歩き回り、近くの商店街へ出かけてはいつも同じものばかり買ってきます。可愛がっている孫の幸子さんの好物であるアイスクリームを見つけては毎日買ってくるので、冷凍庫がいっぱいになりました。ところが、だんだん自分の家がどこかわからなくなってきたのです。先日、家のすぐ近くをさまよっていたところを、運よく向かいの家の奥さんが連れて帰ってくれました。奥さんはなんとなく事情を察してくれて、「これから気にして見ていますね」といってくれました。

すぐに家族全員とケアマネジャーさんとで、一郎さんの徘徊対策を検討しました。それまでは共働きで、ほとんどご近所さんとのつきあいはありませんでしたが、明子さんが気づかぬうちに一郎さんが出かけてしまうことも予想されるため、近隣の人にも助けてもらうことにしました。明子さんは近くの商店街に行き、義父がよく立ち寄る店や、顔見知りの店主、交番にも義父の写真をみせて事情を話し、「義父が1人でさまよっているようなときは電話で教えてほしい」と協力をお願いしました。

それから1週間後、明子さんが洗濯ものを干している間に、一郎さんはふらっと出かけたまま迷子になりました。義父がいないことに気づいた明子さんが探し回っていたところ、先日お願いしていた交番のお巡りさんが、家に一郎さんを送り届けてくれました。一郎さんは、お巡りさんに「今日の職員会議は４時からでしたね」といっていたそうです。一郎さんは時折校長時代に戻るようで、このときも職員会議に出席するために外出したようです。孫の隆さんにも、「あなたは自分のクラスの生徒だけみていればいいんだから」というらしく、「はい、わかりました。校長先生」と隆さんは返答するそうです。

きっと校長時代が一郎さんの人生でいちばんいい時代だったのでしょう。

家族が認知症で徘徊するようになったら、ご近所さんや周囲の人々にも事情を話し、協力してもらいましょう。いずれにせよ、近隣との関係をよくしておくことはとても大切です。

事例㉓

自宅での暮らしがむずかしくなったら

吉沢博之さん（80歳）は2年前に脳梗塞を起こし入院しましたが、その後リハビリ病院に移り懸命にリハビリを受け、自宅に戻ることができました。現在、要介護3です。妻の涼子さん（76歳）が介護していますが、涼子さん自身も若い頃に交通事故で大腿骨骨折をしていて、骨粗しょう症による**ロコモティブシンドローム**で、要支援2と認定されています。しかし、子供たちを育て上げた思い入れの深いこの自宅で最期まで暮らしたい、と考えていましたので、訪問介護やデイサービスを利用して涼子さんの負担を軽くし、なんとか2人で生活していました。

吉沢さん夫妻には2人の子供がいますが、公務員の長女かおりさん（50歳）は遠方に住んでいて時折両親のようすを見にくるだけです。長男英明さん（46歳）も仕事で海外に住んでいます。

そんななか、涼子さんが玄関のポーチに足を引っ掛けて転倒し、大腿骨頸部骨折で急遽入院となりました。母親は大学病院に入院し、父親は要介護状態で、かおりさんは途方に暮れてしまい

ロコモティブシンドローム

運動器の障害によって要介護になる可能性が高い状態のこと。

ました。そんな折、父親のケアマネジャーさんが心配して訪ねてきてくれ、博之さんを老人保健施設（老健）に入所させてはどうかと、入所先を探してくれました。

老健はもともと男性の入所者が少ないため、相部屋はなかなか空きがなく、すぐに入所できるところは、1日3000円もかかる個室しかありませんでしたが、とりあえず相部屋が空いたら移りたいという希望を出して個室に入所しました。かおりさんは両親の入所、入院の荷物をまとめて届け、それぞれの施設にお願いをして、ひとまず自宅に戻りました。

涼子さんは2カ月で大学病院を退院し、リハビリ病院へ転院しました。また元のように博之さんと自宅で生活したいと必死にリハビリに励みますが、もともと骨粗しょう症なのであまり効果はありません。

博之さんは涼子さんの心配ばかりしていましたが、お見舞いにも行けないことに落ち込み、寝てばかりいたので、次第に認知症の症状が現れ始めました。老健ではリハビリも受けられるので、スタッフが歩行訓練をしましょうと声をかけてくれるのですが、その気力が出ないようです。かおりさんがお見舞いに行くと、「母さんに会いたい」というばかりです。

そこで、かおりさんは介護タクシーを使い、父親を車イスに乗せて母のリハビリ病院に面会に連れて行きました。涼子さんが転倒する前の状況とはあまりにも違うお互いの姿に、2人とも涙していました。

その後、要介護認定の見直しで、博之さんは要介護4に、涼子さんは要介護2になりました。涼子さんは退院しても自宅での生活は困難なことから、ケアマネジャーさんの計らいで特別養護老人ホーム（特養）を申し込みましたが、2人一緒に特養に入所することはむずかしいそうです。博之さんが現在入所している老健は自宅復帰するための施設ですから、長くは入所できませんので、そろそろ退所を考えなければならないようです。さて、どうしたらよいのでしょうか。

両親のこれからについて、かおりさんは一時帰国している英明さんと相談しました。2人ともそれぞれの仕事や家庭生活があり、田舎の両親のもとに戻って両親の介護をすることはできないので、実家を売却し、そのお金で実家近くの有料老人ホームに入ってもらうことになりました。博之さんの預貯金は3800万円、年金は夫婦合わせて35万円あります。自宅は売却すれば、2500万円程度になるでしょう。

2人は地元に住んでいる中・高時代の友人から、近隣で評判の良い有料老人ホームを紹介してもらうことにしました。紹介された有料老人ホームは、2人が通っていた中学校の隣に昨年できたばかりだそうです。準大手の経営によるところで、このあたりでは評判がよいらしいので、早速見学し、入居契約内容を聞いてきました。

１人当り入居一時金が３００万円、月額費用は15万円。それに介護保険１割負担分などを含め、両親２人で毎月45万円あればまかなえるようです。

かおりさんと英明さんは両親のところへ行き、パンフレットをみせながら、南向きの隣同士の部屋に入れること、温かい食事が準備され、入浴介助や介護が受けられること、費用面の心配はいらないことなどを話しました。２人は、戸惑いながらも、ほかに方法がないので、承諾しました。

博之さん、涼子さんは「最期まで自宅での生活」を望んでいましたが、このケースのようにそれがかなえられないこともあります。しかし、２人そろって同じ有料老人ホームへ入居することができたので、安心して一緒に暮らせるようになりました。

お役立ち情報　介護を受けられる施設

介護が受けられる施設には複数の種類があり（次頁の表参照）、要介護状態によって入れる場所が制限されることもあります。同じ種類・名称であっても、施設ごとに建物や設備、提供されるサービスが異なることがあるので、入居前には条件などを個別に確認しておくことが必要です。

公的介護保険の施設サービスが受けられる「介護施設」には、「特別養護老人ホーム（特養・介護老人福祉施設）」「老人保健施設（老健・介護老人保健施設）」「療養病床（介護療養型医療施設）」の三つがあります。

特養は、比較的低価格で入居できることから人気が高く、なかなか希望の施設には入居できません。平成27年4月1日以降は入居要件が厳しくなり、新規に入居できるのは、原則として要介護3以上（平成27年3月以前は、要介護1以上）の人です。

生活リハビリを行う老健は、3～6カ月程度の短期入居が基本です。病院からの退院後、自宅や他の施設等での介護生活を始めるための準備期間などに利用できます。また、療養病床、つまり病院の介護ベッドは、医療・介護制度改革の一環として平成29年度末に

介護が受けられる主な施設・住宅の一覧

名　　称	概　　要
＜介護施設＞	介護保険の「施設サービス」を受けられる施設。24時間介護対応。 平成27年３月までの入居要件は、３施設ともに要介護１以上
特別養護老人ホーム （介護老人福祉施設）	自宅介護がむずかしい中重度の要介護者向けの施設。平成27年４月以降の新規入所者は、原則として要介護３以上に厳格化
老人保健施設 （介護老人保健施設）	自宅等への復帰を目指して生活リハビリを行う施設。３～６カ月の短期入居が基本
療養病床 （介護療養型医療施設）	病院の療養病床のうち、介護保険適用のもの。平成29年度末までに廃止予定
＜その他の施設等＞	要介護の高齢者に配慮した住まい。食事などの生活支援や健康管理などのサービスが受けられる。介護保険の「在宅サービス」や「地域密着型サービス」が利用できる
認知症グループホーム	認知症高齢者の特性に応じたケアを行う施設。５～９人を１ユニットとして構成するユニットケア方式。入居用件は要支援２以上
（介護付き・住宅型） 有料老人ホーム	介護付きは、生活支援サービスのほか24時間対応の介護サービスを受けられる。住宅型は外部または併設の介護事業所の介護サービスを受けられる
（介護医療連携型など） サービス付き高齢者向け住宅（サ高住）	安否確認と健康相談のサービスがあるバリアフリー構造の賃貸住宅。食事などの生活支援サービス、および併設の介護事業所の介護サービスが受けられるタイプもある。 介護医療連携型は24時間介護対応

廃止される予定です。

これら三つの施設以外では、まず、認知症の人専用の施設である「認知症グループホーム」があります。少人数（5人以上9人以下）を1グループとして生活し、食事や排泄、入浴など生活全般の支援が受けられます。

高齢者の生活に配慮した住まいである「有料老人ホーム」や「サービス付き高齢者向け住宅（サ高住）」のうち、介護付きや介護医療連携型の施設や住宅であれば、24時間対応の介護が受けられます。そうでない施設・住宅では、介護事業所の介護サービスを利用できます。

介護に加えて、痰の吸引や経管栄養を行っているなど医療ケアが必要な人の受入先だった療養病床は廃止や削減が予定されていることから、その数も減っています。一般の施設では看護師が常駐しているところは少なく、職員数によって受入れできる人数には制限があります。そのため、病院経営の有料老人ホームやサ高住は、こういった医療ケアが必要な要介護高齢者の受入先の候補となります。

さらにこれらの介護施設や高齢者施設・住宅は、病院以外の看取りの場としても期待されています。

事例㉔ 延命治療の判断は誰がするの

ある日、東京で暮らす京子さん（60歳）に、東北で暮らしているお姉さんから電話が入りました。

「母ちゃんのグループホームから、もしもの時の治療についてどうするかを聞かれたけど、どう思っている?」というものでした。京子さんのお母さんは、今年95歳。認知症になって10年以上になりますが、いまのところ大きな病気もせずにのんびり暮らしています。とはいえ、そろそろ「お迎え」のことも考えておかなければならない年令です。

以前は、重篤になった段階で、ホームから家族に相談があったようですが、最近ではあらかじめ家族の考えを確認しているようです。特に認知症の場合は、家族にしか判断はできません。なかには、自分の意思を書いた文書をもって入居してくる人もあり、その場合はできるだけ本人の意思を大切にしながらホームで看取ることもあるそうです。

電話を受けた京子さんは、お姉さんに「私は、母ちゃんに痛い思いや苦しい思いをさせたくないから延命治療はしなくてもいいと思っている」と答えました。その言葉を聞いたとたんにお姉さんは、「本当にそれでいいの？　実の母親だよ、少しでも長く生きてほしいと思わないの？」と怒りも混ざった厳しい口調でいい、さらに、「なんで、そんなに薄情なの？」と付け加えたそうです。

京子さんだって、お母さんには1日でも1秒でも長く生きてほしいと思っていますが、延命措置をするということは、お母さんに痛みや苦しみの時間を増やすだけだし、まして、子供思いのお母さんが「延命」を望まないのではないか、と思ったのでした。

本当に京子さんは薄情なのでしょうか？　もしお姉さんへの返事が「母ちゃんには長生きしてほしい。苦しいかもしれないけど、延命治療を受けて命を伸ばしてほしい。突然、良い治療方法が発見されるかもしれないから」というものだったら、それに対してお姉さんは、「延命治療ってすごく辛いのよ。でも母ちゃんは、痛いとも辛いともいえないかもしれない。それをみている私たちも辛くなると思うし、何年も見守ることになるかもしれないわ」と答えたかもしれません。そして、「京子は近くで暮らしていないから、時々会いにくるだけでいいけど、私は毎日のように看病に行かなければならなくなるかもしれない……」ともいうかもしれません。

死に直面した親に対する子供の気持ちは複雑です。「1日でも長く生きていてほしい」、という思いと「意識が戻るかどうかわからない状態なのに、痛い思いや苦しみを味あわせるのはかわいそう」という両方の気持ちが入り混じります。

もし、京子さんが一人っ子であったら自分の心のなかで葛藤に苦しむことになるでしょう。こんな場面が、ちまたでは普通に起きているのです。「元気なときに、どんな幕引きを望むのか聞いておけばよかった」と思っても、〝時すでに遅し〟です。

仲の良かった親思いの姉妹が、親の「命」のことで、険悪な状況になることもあるのです。それをお母さんは決して望んでいません。**子供たちに不要な喧嘩をさせないためにも、家族のために意思表示をしておく必要があるのです。**

しかしながら、自分自身で「最後の意思表示」をしない人が大勢いるのも事実です。話しにくい内容ですが、できれば元気なときに家族が意思を伝え合うことは大切です。

本人が延命治療を拒んでいても、子供たちが親の命が延びることを優先にしたいというなら、親としても、子供たちのためにもう少し頑張る選択肢が生まれてくるかもしれません。それもまた「生きざま」なのではないでしょうか。

ただ、残される子供たちの間でいさかいを少なくする努力をしておくことは「親」の役目だと思います。

事例㉕

尊厳死を希望するなら

自分だけが「尊厳死したい」と思っていても、その思いを家族だけでなく知り合いなどにも周知徹底しておかないと願いは叶えられません。

小林文乃さん（93歳）は、気丈な性格で、4年前に夫の信太郎さんを亡くした後も、一人暮らしを続けています。近所に住む長女の早苗さん（62歳）はまだ仕事をしていますが、できる限り母のもとを訪れ、サポートしたり話し相手になっています。

信太郎さんと文乃さんは近所でも評判のおしどり夫婦でした。信太郎さんがだんだん口から食べられなくなり、誤嚥性肺炎を起こしては入退院を繰り返すようになった時、医師に「胃ろうにする手もありますよ」といわれ、深く考えずに踏み切りました。文乃さんも早苗さんも、信太郎さんにもっと生きていてほしかったのです。

ところが、信太郎さんは病院のベッドで辛そうな表情を浮かべ、胃ろうを嫌がりました。食べ物がのどに詰まる誤嚥の苦しさとは異なる辛さがあったのでしょう。器具を手で外そうとしたためベッドに両手を拘束されてしまい、それをみている文乃さんも早苗さんも心が痛んで、涙が止まりませんでした。そして半年後、信太郎さんは亡くなったのです。胃ろうによる延命措置は、結果として数カ月間死期が延びたとはいえ夫を苦しめただけで、自分や早苗さんのエゴだったのではないかと、文乃さんは悩み続けました。そして、もし自分が延命措置をするかしないかの選択をしなければならないときのことを考えました。

文乃さんは、自分のときは延命措置をしてほしくないと心に決めました。もし、「不治、かつ、末期」において延命治療を選択するか否かを迫られたときは、延命治療はせずに、尊厳死（平穏死・自然死）したい、と早苗さんに伝えたのです。母と一緒に父の苦しそうな姿をみてきた早苗さんも、決して治らないのであれば、母の望むような最期を遂げさせてあげたいと理解しました。

その後、文乃さんの弟が亡くなったと連絡がありました。若い頃北海道に転勤したまま住みついていたので、２度ほど旅行を兼ねて弟に会いに行きましたが、お互いに歳をとってきたこともあり、ここ数十年は年賀状のやりとり程度でした。義妹の手紙では、弟は尊厳死を希望していたそうです。ところが最期のとき、駆けつけてきた娘が救急車を呼び、救急病院に運ばれたことから、延命治療が行われ、弟の意思は伝わらなかったそうです。

文乃さんは、尊厳死をしたいと決意を固めた2年後に、末期がんの宣告を受けました。すでに手術による除去での回復の可能性はきわめて低いこと、また年齢的・体力的にも手術が困難とのことでした。短期間の入院を終え、自宅で最期を迎えることにしました。

早苗さんは、近くに在宅療養支援診療所を見つけました。丁寧に説明してくれるやさしい先生で、この先生なら母の最期をお願いできると思いました。文乃さんが、延命治療はしたくない、がんの痛みだけは和らげるような緩和治療をしてほしいという希望を話すと、その若い医師は「私が看取りまでやります」といってくれました。そこで、訪問診療の契約をし、週1回定期的に来てもらうことになりました。いざという時は、救急車ではなく、その先生に電話をして来てもらえるということで、文乃さんも早苗さんも少し不安が減りました。

しかし、いざという時、必ずしも早苗さんが側にいてくれるとは限りません。延命治療を選択しないことを知らない近所の人や、たまにやってくるかもしれない甥や姪が、弟のときのように救急車を呼んでしまえば、延命治療が施されてしまう可能性もあるのです。

そこで、早苗さんだけでなく、ヘルパーさんや周囲の親族、時々見守りに来てくれる近隣の人たちにも、「最期は自宅で尊厳死したいので、救急車は呼ばないでほしい。かかりつけの○○先生に電話してほしい」と伝えました。それでも不安なので、厚紙に、「救急車を呼ばないでください。○○先生に連絡してください。電話番号は、＊＊＊－＊＊＊－＊＊＊＊です」と書いて、ベッドに括り付けました。さらに、Ａ４用紙にも同様なことを書いて、冷蔵庫にマグネットで貼り付け、誰でもわかるようにしました。

訪問診療を受けながら、痛みを抑えての生活を経て３カ月後、文乃さんは早苗さんと往診に駆けつけてくれた医師の見守るなか、静かに息を引き取りました。

在宅療養支援診療所にかかっていたため、自宅で亡くなっても警察を呼ばずにすみました。文乃さんの希望どおり、延命治療をせずに、自宅のベッドで看取りができたことが、なによりの親孝行だったと、早苗さんは涙ながらに語っていました。

尊厳死を希望するなら、その意向を家族や周囲に伝えておくことが必要です。救急車を呼ぶということは延命治療への第一歩となることを覚えておいてください。

お役立ち情報　緩和ケアとは

がん治療における緩和ケアとは、がんに伴う身体と心の痛みを和らげ、その人らしく過ごせるように支援することです。がんの療養中は、痛みや吐き気、食欲不振、息苦しさ、だるさなどの身体の不調、気分の落込みや絶望感などの心の問題など、さまざまな苦痛を感じる人が多くいます。患者とその家族の社会生活を含めて支える取組みが緩和ケアです。

ＷＨＯでは、緩和ケアを「生命を脅かす疾患による問題に直面している患者とその家族に対して、痛みやその他の身体的問題、心理社会的問題、スピリチュアルな問題を早期に発見し、的確なアセスメントと対処（治療・処置）を行うことによって、苦しみを予防し、和らげることで、クオリティ・オブ・ライフ（生活の質）を改善するアプローチである」と定義しています。

そのため緩和ケアでは患者やその家族が自分らしく過ごせるように、医学的な側面に限らずさまざまな対応が行われています。

1　痛みの治療

痛みは、約7割のがん患者が経験するといわれています。

【薬の種類による分類】

①　解熱鎮痛剤

②　医療用麻薬

③　鎮痛補助剤

【薬の剤形による分類】

①　内服（錠剤、散剤、液剤）

②　座薬

③　貼り薬

④　注射剤

【使い方による分類】

①　定期薬（服用の時間が決められている場合が多くあります）

②　頓用薬（痛みの強さや頻度によって、回数や量を決めて処方されます）

2　療養のポイント

・身体を休めるためにはぐっすり眠ること。そのための環境を整えることが大切です。

・筋肉をほぐすストレッチやマッサージ、ホットパックなどで温めることも効果がありま
す。
・食欲不振や吐き気などで食べられないときは、食事の工夫をします。

3　終末期の対応を考えておく

・終末期から看取りまでの期間は、それぞれの人の病気や体調によっても異なります。
・終末期の医療や看取りについて、本人と家族の意思の統一を図りましょう。

4　終末期の医療について

看取りの時に積極的に蘇生治療を受けたくない場合には、事前指示書を残しておくとよいでしょう。それは、「リビングウィル」や「アドバンス・ディレクティブ」とも呼ばれますが、決まった書き方はないので自分なりに書くことができます。家族など信頼できる人に預けておくとよいでしょう。

事例㉖

在宅医療と介護と看取り

多くの人が最期は自宅で、と望んでいるのではないかと思います。しかし、「平成24年人口動態調査（厚生労働省）」のデータによれば、自宅で亡くなった人の割合は12・8％、その他の人は病院など自宅以外の場所で亡くなっています。

なぜ多くの人が自宅で最期を迎えることができないのでしょうか。千葉県が行った『終末期を自宅で過ごすことについて』（平成25年）のアンケート調査のなかに、『死期が迫っているとわかった時に最期を自宅で過ごしたいと思いますか？』という質問がありました。その質問について、53％の人が『自宅で過ごしたいが実現はむずかしいと思う』と回答しています。『最期を自宅で過ごすとしたら、どんな条件が必要か』という質問に対しては、『家族に介護の負担や手間がかからないこと』が59・5％と最も多く、次いで『訪問診療をしてくれる医師や看護師がいること』が40・5％となっていました。

超高齢化が進むなかで、国は「看取りの場所」を「病院」から「在宅」へと転換する政策を打ち出しました。家族や自分自身がその時を迎えるにあたって、在宅医療や介護保険のことをあらかじめ勉強をしておいたほうがよい時代になってきました。

■その時を自宅で迎えること

義彦さんは86歳の男性です。膵臓がんが見つかりましたが、すでに肝臓への転移もあり、手術による治療はできないとの判断から、放射線治療を受けていました。しかし症状の改善はみられず、寝たきりの状態で、義彦さんは自宅へ帰ることをしきりに家族に訴えるようになりました。ご家族（奥様・長男・長女）は主治医に相談をして、自宅で看取ることを決心します。

まずは、在宅で診てくれる医師を探さなければなりません。主治医は入院している病院の医療ソーシャルワーカーに相談して、緊急の場合も想定して義彦さんの自宅にできるだけ近い場所で開業している医師を見つけてくれました。

在宅医を探している間に、介護保険の申請を行いました。自宅近くの居宅介護支援事業所へ行き、ケアマネジャーの皆川さんに、現在の状況と今後自宅で介護を行ううえでの希望を伝えました。当面は、訪問看護と訪問介護の組合せで対応すること、介護用ベッド等の福祉用具の貸与についても打ち合わせることができました。

いよいよ自宅での介護がスタートしました。ケアマネジャーの皆川さんにつくってもらったケアプランにあわせて、日中は奥様と近くに住む専業主婦の長女、土日は長男が介護の中心となる体制を組んで義彦さんの介護に臨みました。

在宅医、薬剤師、訪問看護師、ケアマネジャー、介護ヘルパーとご家族によるサービス担当者会議を自宅で行い、現在の状況や今後予想される事態の説明、ご家族の希望などについて話し合いました。これは、いろいろな職種の人がうまく連携をとり、一つの方向性に向かっていくために必要不可欠な話合いです。

看取りの時期がいよいよ迫ってきた時の患者のようすの変化（うわ言、呼吸、表情など）についての話を在宅医から聞き、在宅医がいないときに看取りの時がきても慌てずにその時を迎えることができるように準備をしました。

ある日、義彦さんは奥様とお子様への感謝の言葉をいわれたようでした。義彦さんの『ありがとう』の言葉を聞いた時、奥様はこれで良かったのだと思われたとのことです。数日後、義彦さんは静かに逝かれました。


義彦さんのように自宅での看取りがすべてうまくいくかどうかは、当事者やご家族の状況によって変わってきます。しかし、**制度や仕組みに対しての事前の勉強や情報収集を行うことにより、自宅での看取りを行うことができるようになってきました。**

国も在宅診療報酬の値上げや24時間対応の定期巡回・随時対応サービスの新設など、病院以外の場所での看取りをしやすくするための施策は行っていますが、利用する私たちにその知識がなければうまくいきません。

まずは、**自宅の近くに在宅医療を行っている医師がいるかを確認してみましょう。**かかりつけ医がいれば、その医師に相談してみましょう。家族の状況やその人の病歴などがわかっている医師に在宅医療を行ってもらえれば、それがベストです。近くに訪問看護ステーションがあれば、そこから医師を紹介してもらうことも可能でしょう。

もう1人のキーパーソンになるケアマネジャーは、居宅介護支援事業所で紹介を受けた時によく話をして、相性を確認しておきます。あわないようなら、担当を変えてもらうこともできます。自宅での看取りを希望するなら、少しずつ準備をしておくことが大切です。

お役立ち情報　在宅医療をするためには

事例㉕・㉖のように、最期の時を、自宅で医療を受けながら穏やかに過ごしたいと思ったときはどのようにすればよいのでしょうか。

【終末期を過ごす場所を選ぶ】

○病院

日本では１９５１年（昭和26年）には、在宅死82・５％、病院死９・１％でしたが、１９７０年代には逆転し、２０１０年（平成22年）には在宅死12・６％、病院死77・９％となりました。しかし急性期病院などでは入院期間の短縮が図られる傾向になっています。

○緩和ケア病棟

日本では緩和ケア病棟（ホスピス）は、悪性腫瘍とエイズの患者が対象になっています。看取りに適切なケアを十分に受けることができますが、２０１４年（平成26年）現在、認可数は３２１施設、６４２１床で、まだまだ十分な数とはいえません。

○在宅（自宅や高齢者住宅など）

在宅での療養や看取りは2006年（平成18年）の診療報酬改定から注目されてきました。住み慣れたわが家や地域で自分のペースで生活を続け、終末期を迎えることは理想的で、約6割の人はできるなら最後まで自宅で過ごしたいという調査結果もあります。介護する家族がいない場合には、高齢者住宅なども選択肢になります。

在宅療養のためには、医療、介護、家族、ボランティアなどの方々の連携が欠かせません。

それでは、在宅で療養、医療を受けて生活するには何が必要でどう準備すればよいのでしょうか。

【治療の方針を決める】

がんの完治を目指して、放射線治療や抗がん剤などの積極的治療を行うのか、苦痛を最大限に取り除くことを優先に、病気と上手につきあっていく緩和的治療を受けるのか、なども早い段階で本人や家族と話し合って方針を決めておくとよいでしょう。

【在宅のケアチームをつくる】

在宅で療養をするためには、それぞれが独立している関連機関の連携が必要です。医療を受ける患者を中心としたチームをつくって治療や介護をしていこうという取組みが始まっています。

① 治療を受ける医師、医療機関を決める

日常の診療や往診をしてくれる在宅医を決めましょう。定期訪問や往診を受けることができます。ほとんどの検査や治療が自宅等で受けられますが、専門的な治療や特別な検査が必要なときは、拠点病院などを紹介してもらうこともできます。

② 介護保険を申請する

医療と介護を連携することが必要です。介護サービスを上手に利用することは、家族など介護する人の心身の負担を軽くすることにもつながります。

③ 訪問看護

訪問看護とは、病院、診療所、訪問看護ステーションに所属している、看護師、保健師などが、医師の指示で訪問し看護を行うことです。病状観察、褥瘡（床ずれ）などの処置、点滴や薬剤の管理、排泄や清潔のケア、相談などを行います。

④ 薬剤師

自宅に訪問し、薬剤を届けてくれたり、薬を1回分ずつ分包、配薬したり、薬の内容や副作用についての説明や相談に乗ってくれます。また、緩和ケアに使用する麻薬の管理、調整などを行っています。

⑤　歯科医師

歯科医師、歯科衛生士が訪問し、口腔ケアや歯の治療、入れ歯の製作や摂食障害を起こした人に対する口腔リハビリなどを行います。

⑥　理学療法士

医師の指示で、病院、診療所、訪問看護ステーションに在籍する理学療法士、作業療法士、言語療法士などが自宅等を訪問し必要に応じた各種リハビリテーションを行います。

⑦　ケアマネジャー

介護保険を利用しさまざまなサービスを利用するときに、ケアプランをつくり、医療と介護をつなぎながら本人と家族を支える力強い味方です。

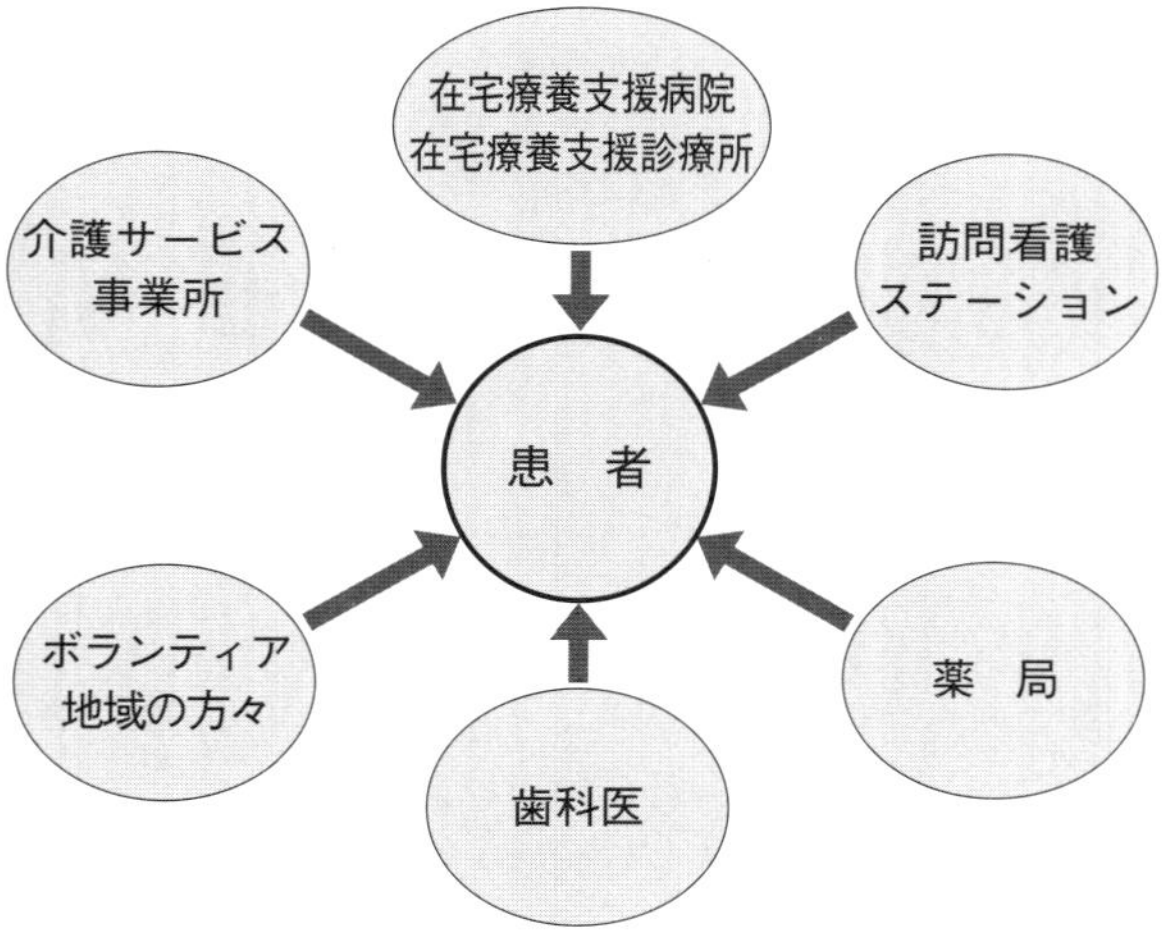

⑧　ホームヘルパー（訪問介護員）

介護保険利用時に、自宅等での生活、身体の両面での援助を行います。排泄、入浴、清潔ケア、移動の介助、買い物、調理、掃除、洗濯などの介助をケアプランに基づいて実行します。

⑨　その他

このほかに、ボランティアや民生委員、地域やご近所の方々との連携が大変重要な役割を果たすでしょう。協力者が多くいるとそれぞれの負担が軽く手助けしやすいかもしれません。

事例㉗ 老人ホーム利用者との思い出

山田さん（55歳・男性）のいちばん好きな場所は、老人ホームだそうです。

山田さんは子供の頃から、自分のおじいちゃん、おばあちゃんだけでなく、近所のお年寄りと話をするのが好きだったそうです。内気な性格だったので友達は少なかったのですが、お年寄りとはすぐに仲良しになれたと話していました。

ですから、20年前に老人ホームで働くようになったときは、懐かしい時間が戻ってくると思い、とても嬉しかったそうです。

山田さんは老人ホームで事務の仕事をしていたため、最初の頃は、お年寄りとお話できる機会も少なかったそうです。なぜなら仕事の時間中に雑談はいけないと思っていたからです。そんなある日、介護担当の女性係長から、「暇そうな顔をしているのなら、フロアに行って利用者と話をしてあげなさい。私たちは話をゆっくり聞いてあげる時間もないのよ」といわれたのだそうです。思いがけずお墨付きをもらい、休憩時間や仕事の合間に利用者とお話をすることが日課になったと話してくれました。

「この老人ホームは、要介護度の進んだ人が多く、また、ホームが最期に住む場所となることがほとんどなので暗いイメージをもたれている人も多いでしょう。でも、ここで暮らしながら、残された時間を大切に生きているお年寄りも大勢います。人生もいろいろですよ」といいながら、思い出に残っている利用者さんのことを話してくれました。

■手話を教えてくれた西原さん（女性）

１００歳を迎えた西原さんは、耳が不自由だったので手話で話します。手話はかなり昔に覚えたらしく、その世界では日本のパイオニアともいわれたそうです。山田さんも西原さんに手話を教えてもらいました。

西原さんは車椅子で生活をしていましたが、口癖は「足が悪いからどこにも行けないことが悔しい」（手話での会話でしたが、山田さんにはちゃんと聞こえていたそうです）。「耳が聞こえないのはいいの?」と聞くと「足!」と答えるのです。西原さんは耳が不自由なことは気にもせずに、自分の足でどこへでも行ける素晴らしさをいつも夢見ていたのでした。数年後に１０４歳で天寿を全うしましたが、いまは自分の足で雲の上を闊歩しているかもしれません。聴覚の障害を受容したうえで、自分の足で歩きたいという夢をもち続けた西原さんの生き方は、「格好良かったですよ」と山田さんは話してくれました。

■方言で心を通わせた土屋さん（80歳・女性）

東京で故郷の訛りを耳にするのは嬉しいものです。ヘビースモーカーの土屋さんは、暑い日も寒い日もホームの玄関先まで車椅子で来てタバコを吸っていました。真冬などは凍え死にそうな寒さなのにブルブル震えながら吸っていたので、山田さんが「寒くて死んじゃうよ！」というと、「それで死ぬなら悔いはない」と減らず口を叩くそうです。

そんな土屋さんとの話がはずんでいたある日、山田さんは土屋さんの言葉に郷愁を感じたのです。その時土屋さんも「おや？」と感じたらしく、尋ねるとお互いの実家が近いことがわかりました。２人の田舎の方言は独特で、特定の範囲でしか使われないものが多く、ひょんなところから言葉のバリアが消え、それからは田舎にいるような気持ちで話ができるようになりました。

東京の老人ホームで暮らしている人のなかには地方の出身の人も多くいます。それは高度成長期に頑張った世代が利用者の中心世代になりつつあるからです。地方出身の介護職員の口からこぼれた言葉が同郷の言葉だったら、利用者さんも喜んでくれるはずです。

老人ホームは、啄木の「ふるさとの訛りなつかし停車場の人ごみの中にそを聴きにゆく」がよみがえる場所でもあるのです。

■大学の先生に挨拶をしてくれた認知症の清水さん（82歳・女性）

清水さんは、ちょっと問題児でした。気に入らないことがあると怒鳴ったり、人を罵倒するので職員を困らせることもありました。山田さんも何度も大きな声で怒鳴られました。会話はむずかしかったのですが、山田さんは自分のことを清水さんにたくさん話したそうです。心を開いてもらうためには、自分のことをたくさん伝えることが大事だと思ったからです。

ある日、大学生が施設見学に来ました。見学担当の山田さんが一行を案内すると、フロアの入口に清水さんがいたので、「清水さん、今日は大学の先生が学生さんを連れて見学に来てくれたので宜しくお願いしますね」と伝えると、清水さんは急にきりっとして、先生に向かって「先生、山田さんがいつもお世話になっています！」と大きな声でいいました。その言葉を聞き流して学生に説明をしていると、遠くのほうでまた清水さんが先生をつかまえて、「先生、山田さんのことをよろしくお願いします！」と何度もいったそうです。大学の先生と聞いて、受験生をもつ母親の気持ちに戻ったのでしょうか。合格できるように先生にたのんでいるみたいで、山田さんはとても恥ずかしかったのですが、なぜか嬉しかったそうです。

■一緒に探検した近藤さん（男性・79歳）（ギリギリの話です）

その年の夏の消防訓練は、消防署からはしご車が来て、屋上に取り残された利用者役の職員を救出するというものでした。翌日になって、訓練をみていた近藤さんが「屋上にのぼりたいなぁ」といっている話を聞きました。山田さんは、職員からも「何度もいうから連れていってね」といわれましたし、近藤さんも顔をあわせるたびに「屋上……」とつぶやいていたそうです。

翌年の春に山田さんは人事異動でこの施設から離れることになりました。

異動まで残り数日となった時に、意を決して近藤さんと2人で屋上探検に行きました。屋上の段差や配管は1人で歩くには邪魔になりませんが、認知症が進んでいて動きも緩慢な近藤さんを連れて柵もない屋上にあがると、言葉が出ないほどの緊張感に襲われたそうです。近藤さんを抱きかかえるようにして歩いた山田さんの緊張が近藤さんにも伝わったようで、後悔いっぱいの数分間を送ったそうです。

山田さんは、あの失敗は一生忘れないといっていました。そして、おしゃべりな近藤さんも誰にも話していないようです。人事異動の送別会の時に「近藤さんは屋上のこと何かいっていましたか」と職員に聞いてみましたが、何もいってない、とのことでした。近藤さんは純粋な人なので秘密をもてる人ではないのですが、きっと山田さんの気持ちが伝わっていたのでしょう。「最後に大きな秘密をつくってしまいました」と山田さんは苦笑いしていました。

山田さんは、「介護の仕事はとても大変です。人の命を預かる仕事は身体より心のほうが疲れるものだと思います。でも緊張感をもちながらも、いろいろなことを教えてもらった老人ホームの8年間は、いまでもいちばん好きな場所です」、そして、「大変だけど、苦労を重ねてきたお年寄りと毎日触れあえるのもいいものですよ」と、利用者さんとの小さなエピソードを語ってくれたのでした。

第4章

後見・相続

■権利と財産を守る成年後見制度

成年後見制度とは認知症や知的障害により判断力が低下している人の権利と財産を守る制度です。後見人がその方の財産管理をサポートします。耳慣れない方も多いと思いますが、ぜひ知っていただきたい制度です。後見人になってほしい方がある場合には、書いておきましょう。

■相続・遺言の基礎知識

「相続」が「争続」や「争族」といわれるほど、もめるケースが多くなりました。もめごとにまで至らなくても、相続で「こんなはずじゃなかった」と悔しい思いをした方もいらっしゃるのではないでしょうか。「わが家はもめるほど財産は多くない」と思っていても、少ない財産をめぐって争いが起きることもあるのです。

また、相続ではプラスの財産もマイナスの財産も引き継ぎます。**預金や不動産のようなプラスの財産だけでなく、ローンや借金・保証人というマイナスの財産についても、伝えておくことが必要です。**

■自分の相続について

相続でもめないためには、財産の配分について、相続人となる家族や親族に希望を伝えておくことはとても大事なことです。エンディングノートに遺産配分の考え方、遺産の分割について書いていくと、遺言を書く準備ができます。

■家族の相続について

家族との別れは辛いものですが、相続手続は法律で期限が決められているので、悲しんでばかりもいられません。相続人の確定や財産目録の作成、遺産分割協議などの相続手続を行うときに助けとなる情報をノートに整理しておくとよいでしょう。

事例㉘ 共有名義の土地の売却

愛子さん（65歳）は、身体と知的の両方に障がいのある妹の幸子さん（58歳）と2人で暮らしています。幸子さんは幼少期に脳性麻痺を発症し、障がいが残りました。子供の頃は歩行・言語能力もありましたが、徐々に機能が衰えて、現在は自力で歩くことも言葉による意思表示もできなくなっています。毎日、デイサービスに通い、帰宅後は食事や着替えにヘルパーの介助を受けています。夜は愛子さんが介護をしています。

愛子さんが、姉妹の共有名義（各2分の1）になっているアパートを売却しようとしたところ、不動産屋に「幸子さんに後見人が必要」といわれました。そのため、愛子さんは友人から紹介されたファイナンシャル・プランナーに相談しました。

「15年ほど前に両親が亡くなってからは、仕事をやめて妹の面倒をみてきました。幸い、親が自宅とアパート、預貯金を残してくれたので、金銭的にはそれほどの苦労もせずに過ごしてきましたが、預貯金も少なくなってきました。アパートも古くなって維持費もかなりかかります。管理をたのんでいる不動産屋からは改装を進められていますが、そんなお金はありません。最近は私も体調を崩しがちで、いつまで妹の面倒をみられるのかが不安です。そこで、思い切ってアパートを売り、妹は施設に入居させることにしました。不動産屋に売却の相談をしたところ、『幸子さんに後見人をつけないと売却はできない』といわれました。母が亡くなってからは、銀行の通帳管理も行政の手続もすべて私がやってきたので、不動産の売却も同じようにできると思っていました。不動産屋には『お姉さんは後見人にはなれない』ともいわれましたが、本当にだめなのでしょうか。これまでずっと面倒をみてきたのに、なぜ後見人にはなれないのでしょうか」と、納得のいかないようすです。

愛子さんの相談には二つの問題が混在しています。「幸子さんに後見人が必要なのはなぜか」という点と「愛子さんが後見人になれないのはなぜか」という点です。

【幸子さんに後見人が必要な理由】

成年後見制度は、精神上の障がいにより判断能力が不十分であるため、自分の意思で契約等を結ぶことが困難な人（認知症高齢者、知的障がい者、精神障がい者等。以下、「本人」といいます）を支援する制度です。判断能力の程度によって後見・保佐・補助に分かれ、家庭裁判所から選任された成年後見人、保佐人、補助人（以下、「後見人等」といいます）が、本人にかわって法律行為や財産管理を行います。知的障がいのある幸子さんは、いままでの経緯から最も重い「後見」相当と思われるので、不動産売却の契約を結ぶことはできません。幸子さんにかわって契約を結ぶ人（後見人）が必要です。通常であれば、愛子さんは後見人になることができますが、共有名義の不動産売却の話となると事情が変わってきます。

【愛子さんが後見人になれない理由】

幸子さんと共有名義の不動産の売却で愛子さんが後見人になると、後見人の愛子さんは、「愛子さん自身の立場」と「被後見人である幸子さんの法定代理人としての立場」という二つの立場を同時にもってしまう利益相反の問題が生じてきます。利益相反になると幸子さんの利益が守られないことも考えられます。成年後見制度は本人を守る制度ですから、利益相反を防ぐために愛子さんは後見人にはなれないのです。

愛子さんが以前から後見人になっていて不動産売却の話が出てきたという場合は、不動産売却のための特別代理人を家庭裁判所に選任してもらい、幸子さんの代理として売却手続を行います。ただし、後見監督人がついていれば後見監督人が幸子さんの代理人になるので特別代理人の選任は必要ありません。特別代理人の任務は売却手続が終われば当然のことですが終了します。

成年後見制度を理解した愛子さんは、ＮＰＯ法人を後見人候補として、家庭裁判所に成年後見制度利用の申立てを行いました。申立てから2カ月後には申立てどおりの審判が下りました。後見人等のおよそ半数は身近な親族がなっています。しかし、残りの半数は親族以外の専門家や法人が引き受け、その割合は年々増えています。

幸子さんに後見人がついたことで、売却の話も進展し、アパートはすぐに買い手が見つかりました。３カ月後、アパートの売却が終わり、売却代金が２人の口座に振り込まれました。まとまった資金があれば幸子さんの今後の生活も安心です。幸子さんの財産管理は後見人が行うので、財産管理から解放された愛子さんは、自分の時間を楽しむ心のゆとりも出てきました。

事例㉙ 相続放棄したのに借金の請求が

10年前の話です。

当時40歳だった洋子さんは、母親をがんで亡くしました。両親は小さな会社を経営しており、父が社長、母は経理を担当していました。資金繰りはもちろん、従業員のことや、事務全般を母が仕切っていたのです。その母親が倒れ、病院で検査したところ末期の肺がんでした。もう手術はできず、抗がん剤で治療してもおそらく余命4～6カ月と宣告されてしまいました。母親は医師の宣告どおり4カ月で亡くなりました。いま思い出しても悪夢のような出来事でした。

会社経営に借金はつきものです。母親が保証人になっていた借金もあったので、洋子さんは相続をすべて放棄し、父が全部相続することになりました。父親がもってきた書類にサインをし、実印を押し、それで相続放棄をしたつもりでいました。手続は完璧だと洋子さんは思い込んでいたのです。

ところがその後、会社が倒産しました。父親が破産手続をしている時、銀行から「洋子さんの母親が保証人になっていた借金を洋子さんが相続したことになっている」と知らされたのです。

「そんなバカな！」と思いましたが、確認してみると、相続放棄をするには家庭裁判所に行き、所定の手続を行う必要があったことがわかりました。つまり正式な相続放棄をしていなかったのです。10年前、**相続放棄の書類だと思い込んでサインし、実印を押したのは、ただの遺産分割協議書でした。**知らないということは恐ろしいことです。

いまも10年前の借金が残っているなど信じられない洋子さんは、弁護士に相談に行きました。弁護士によれば、銀行に複数の借入れがあるときは、どの契約の分から返済するか、はっきり指示しないと、銀行が勝手に有利な方法で処理することがあるという話でした。「おそらく、金利の高い古い借金より金利の低い最近の借金を優先して返済処理されていたのでしょう。ただ、これは裁判で争えば洋子さんが勝てる可能性が高いと思われます」と弁護士からアドバイスを受け、少しだけほっとしました。でも、裁判をすれば費用と時間がかかります。

結局、父親が自宅や、会社名義になっていない個人所有の財産までのすべてを売却し、返済に充てたので、洋子さんの母親が保証人になっていた借金は残らずにすみました。

そのかわり、一文無しとなった父親の面倒をみることになりました。幸いなことに、破産してても公的年金は支給されます。破産してももらえる年金のおかげで、貧しいながらもどうにか生活していけそうです。もしも「10年前の借金が、いまだに残っていて、自分が返済をしなければならなかったら」と想像するだけでも、洋子さんはいまでもぞっとします。

亡くなった家族が多額の借金を抱えていたり、連帯保証人になっていたりしたために**相続放棄をする場合は、亡くなった日から3カ月以内に家庭裁判所に出向き、確実に相続放棄の手続をしましょう。**財産調査に時間がかかる場合は、所定の手続により期限を延長することもできます。

事例㉚ 相続放棄と遺産分割協議書

事例㉙は、相続放棄をしたつもりが、遺産分割協議書にサインをしただけで実は相続放棄をしていなかったために起こった悲劇でした。今度の事例は、お母さんに良かれと思って相続放棄をしてしまったために起きた騒動の話です。

私たちの家族は亡くなった父（享年80歳）、母（78歳）、長男である私（48歳）、長女（46歳）の4人家族でした。父は高校を卒業後すぐに上京し就職。そこで母とめぐり会い結婚をし、金婚式のお祝いをした年に亡くなりました。金婚式まで母のために頑張ってくれたのだと思いました。

四十九日も過ぎ、相続の手続をすることになりました。父の残した財産は、土地付き一戸建ての自宅と老後資金に貯めていた定期預金です。私と妹はすでに独立し住居も購入していましたので、自宅は母の名義に変更し、定期預金は母のこれからの生活資金にすればよいと考え、私たち2人は家庭裁判所に出向き相続放棄の手続を行いました。その後、父の**準確定申告**も終わらせ、不動産の名義変更を行うために司法書士の事務所へ行ったときのことです。思いもかけない法律の壁にぶち当たりました。

私は「自宅を母の名義にしたいので、私と妹は相続放棄をしました。手続をよろしくお願いします」と司法書士に依頼をしたところ、

司法書士「お母さんが単独で相続をするためには、第2順位の相続人、第3順位の相続人がいないことを証明しなければなりません」

私「第2順位、第3順位、の証明?」

司法書士「第1順位のお子様であるあなた方がすでに相続を放棄しているのであれば、次は第2順位であるお父様のご両親や祖父母が相続人になります。第2順位の方がすでにお亡くなりであれば、第3順位のお父様の兄弟姉妹が相続人となります」

私「父の両親はすでに亡くなっています。父は6人兄弟姉妹の末っ子でしたが、そのうち4人の方はすでに亡くなっていて、すぐ上のお姉さんだけが健在で

準確定申告

被相続人の確定申告のこと。相続人は、1月1日から死亡した日までに確定した所得金額および税額を計算して、相続の開始があったことを知った日の翌日から4カ月以内に申告と納税をしなければならない。

す」

司法書士「すでにお亡くなりになったご兄弟姉妹の方にお子様がいらっしゃればその方が相続人となります」

私「……」

つまり配偶者（常に相続人）以外の相続人の優先順位は民法で決まっていて、相続人を確定するには戸籍をさかのぼって確認そして証明をしなければならないということでした。今回の相続では本来第1順位の相続であったのですが、子供である私たちが相続を放棄したことにより、子のいない場合の相続である第2順位、第3順位の相続へと変わっていってしまいました。結果として父の両親はすでに亡くなっているため（曾祖父・曾祖母もすでに他界）、第3順位である父の兄弟姉妹が相続人となります。すでに相続放棄ができる期間が過ぎていると思い、父の兄弟姉妹に相続放棄をお願いすることはしませんでした。

司法書士からは、「自宅の名義変更をするには遺産分割協議書が必要です」といわれました。

まずは、相続人の確定をしなければなりません。すでに亡くなった4人の兄弟姉妹の子供は、全部で10人いましたから、配偶者である母、健在である父の姉、そして10人の甥姪、あわせて12名が相続人となりました。この12名が相続人であることを証明するためには、次のような戸籍等の書類が必要です。

【12人が相続人であることを証明するため】
○被相続人（父）の出生から死亡までの連続した戸籍謄本
○相続人全員の戸籍謄本
【第1順位の相続ではない証明のため】
○子供全員（私と妹）が相続放棄をした「相続放棄申述受理証明書」
【第2順位の相続ではない証明のため】
○父の直系尊属の死亡の記載がある戸籍謄本
【第3順位の兄弟姉妹の確定と代襲相続人の証明のため】
○祖父母の出生から死亡までの連続した戸籍謄本
○すでに亡くなっている父の兄弟姉妹の出生から死亡までの連続した戸籍謄本
　あまりに大変な作業だったので、すべて司法書士にお願いしました。

幸い、母以外の相続人から、自宅を母の名義にすることに対しての反対も法定相続分の要求もなく、遺産分割協議書に署名捺印をしていただき、無事に母が相続することができました。本当に感謝しています。

相続に関して、何かわからない点があった場合、自分の知識の範囲で決めることなく、専門家へ相談することをお勧めします。この場合、私と妹は相続放棄をしないで、母の相続分１００％、私と妹の取り分０、という内容の遺産分割協議書をつくれば、相続は簡単にすんだのです。

また、父が自宅の土地と家屋は母が相続するという内容の遺言を残しておいてくれれば、すんなりと名義変更は終わっていたという点もあわせてお話をしておきます。

※相続放棄ができるのは、「自己のために相続の開始があることを知った時から3カ月以内」である。個別の事情によっては、家庭裁判所に申し立てることで熟慮期間の伸長が認められることもある。

事例㉛ 多重債務の夫が余命4カ月。相続放棄したら生命保険は

徹さん（50歳）はとてもお人好しの会社員です。会社を経営している友人からたのまれ、借金の保証人になりました。しかし、友人は、結局事業に失敗して夜逃げしたため、徹さんには借金を返済するようにと銀行から請求されました。

徹さんの奥さんは、パートで働いています。近所でも評判のしっかり者で、家計管理もきちんとしているので、徹さんは奥さんに頭が上がりません。奥さんに借金の話を打ち明ける勇気がなかった徹さんは、複数の消費者金融からお金を借りて返済していました。しかし、借金は減るどころか、雪だるま式にどんどん増えていくばかり、徹さんは悩んで夜も眠れないほどになっていました。

とうとう徹さんは体調を崩し、病院に行ったところ、驚いたことに末期がんで、余命半年と診断されました。しかし、その時にはすでに、借金の総額はとても返せないほどの金額に膨らんでいました。

多額の借入れがある人が亡くなると、相続人である家族が返済しなければなりません。亡くなって借金だけが残るという最悪の事態を防ぐため、たいてい住宅ローンには万一に

備えて生命保険がセットされており、借入残高は保険金で返済できる仕組みになっています。しかし、消費者金融にはそういう仕組みはありません。徹さんは生命保険が嫌いでしたが、いざという時に備えて1000万円だけ加入してもらっていました。しかし、1000万円の保険金では、借金を全額返済することはできません。

そこで考えられるのは、相続人が全員で放棄することです。ただし、相続放棄をすると、次の順位の人が相続人になるので次の順位の人々に借金の存在を知らせておくことが必要です。

相続を放棄するということは、借金もなくなるかわりに資産も残りません。資産とは、徹さん名義の預貯金や有価証券、不動産などですが、徹さんは預貯金や有価証券などはほとんどもっていませんでした。財産と呼べるものはマイホームだけでしたが、それは、あきらめることにしました。

ところで、相続を放棄したら、生命保険金はどうなるのでしょう。

生命保険の死亡保険金は受取人の財産であって、相続財産ではありません。ですから、相続を放棄しても受け取る権利

借金の保証人

お金を借りた人が返済しなければ、保証人が元本や利息の返済を求められる。保証人の立場は相続の対象になり、相続人に引き継がれる。

は失いません。また、相続放棄をしても遺族年金は受け取れます。

医師の診断どおり、半年後に徹さんは亡くなりました。徹さんの奥さんは、自宅は失いましたが、保険金1000万円と遺族年金を受け取り、新たな職場で働き始めることにしました。

事例32

親族だと思っていたら、実は他人だった

私の隣は広い家で、山崎元子さん（75歳）と岩崎芳子さん（45歳）という名前の女性2人が一緒に暮らしていました。2人は名字が違いましたが「お母さん」「芳子さん」と呼び合っていましたので、てっきり一度嫁がれた娘さんと暮らしているものだと思っていました。冬のある日、山崎さんが体調を崩し、病院で検査を受けた結果、がんが見つかりました。その後は寝たり起きたりを繰り返しながらの状態で、芳子さんが献身的に身の回りの世話をしていました。時々私がお見舞いに行ったときも、山崎さんは芳子さんに「ありがとう、ありがとう」と感謝の言葉を繰り返し、「いまどきなんて親孝行な娘さん」と私も感心してみていました。山崎さんは最後まで芳子さんに「ありがとう」といいながらお亡くなりになったそうです。山崎さんのお葬式に行くと、山崎さんの姪の邦子さんという人が喪主になっていました。

少し落ち着かれた頃、お線香をあげに行くと、芳子さんが「実は、私はお母さんとは血がつながっていないの」とポツリポツリと話しはじめました。

元子さんには子供がなく、芳子さんのことを親身に可愛がってくれたこと、元子さんは兄の大輔さんとはそりが合わずほとんど交流はなかったが、親族は姪と甥だけなので死んだら連絡してほしいとたのまれていたこと、邦子さんから「自分と弟が家を相続したので、家を出ていってほしい」といわれていることなどでした。

驚きの連続で、なんと励ましたらいいかわからないままに日は過ぎ、1カ月後、芳子さんは立ち去られました。

あれほど仲良く助け合って暮らし、最後まで親身になって看取った芳子さんなのに、広い家は、邦子さんとその弟の隆太さんのものになりました。どうしてこのようになったのでしょうか。元子さんの気持ちを推し量りながら、いろいろなことを考えてみました。

・相続のことを考えたことがなく、財産がどうなるかまったく考えていなかった。
・兄の大輔さんは死亡しており、その姪や甥が相続人になるとは思っていなかったので、同居している芳子さんが相続できると思っていた。
・芳子さんが同居しているので引き続き住むことができると思っていた。
・相続人が別にいるが、なんとかなると思っていた。

・遺言書を書こうと思っていたが、書き方がわからずにそのままになっていた。
・遺言書を作成していたが、見つからなかった。
・遺言書を書けば財産を芳子さんに渡すことができることを知っていたが、財産は血縁の人に残したかった。

元子さんが亡くなったいまとなっては、本当の理由を知ることはできません。ただ、仲睦まじく暮らしていた2人を知っている私にとって、元子さんが遺言を書いていたら芳子さんはここで穏やかに過ごせたのでは、と残念に思う気持ちでいっぱいです。

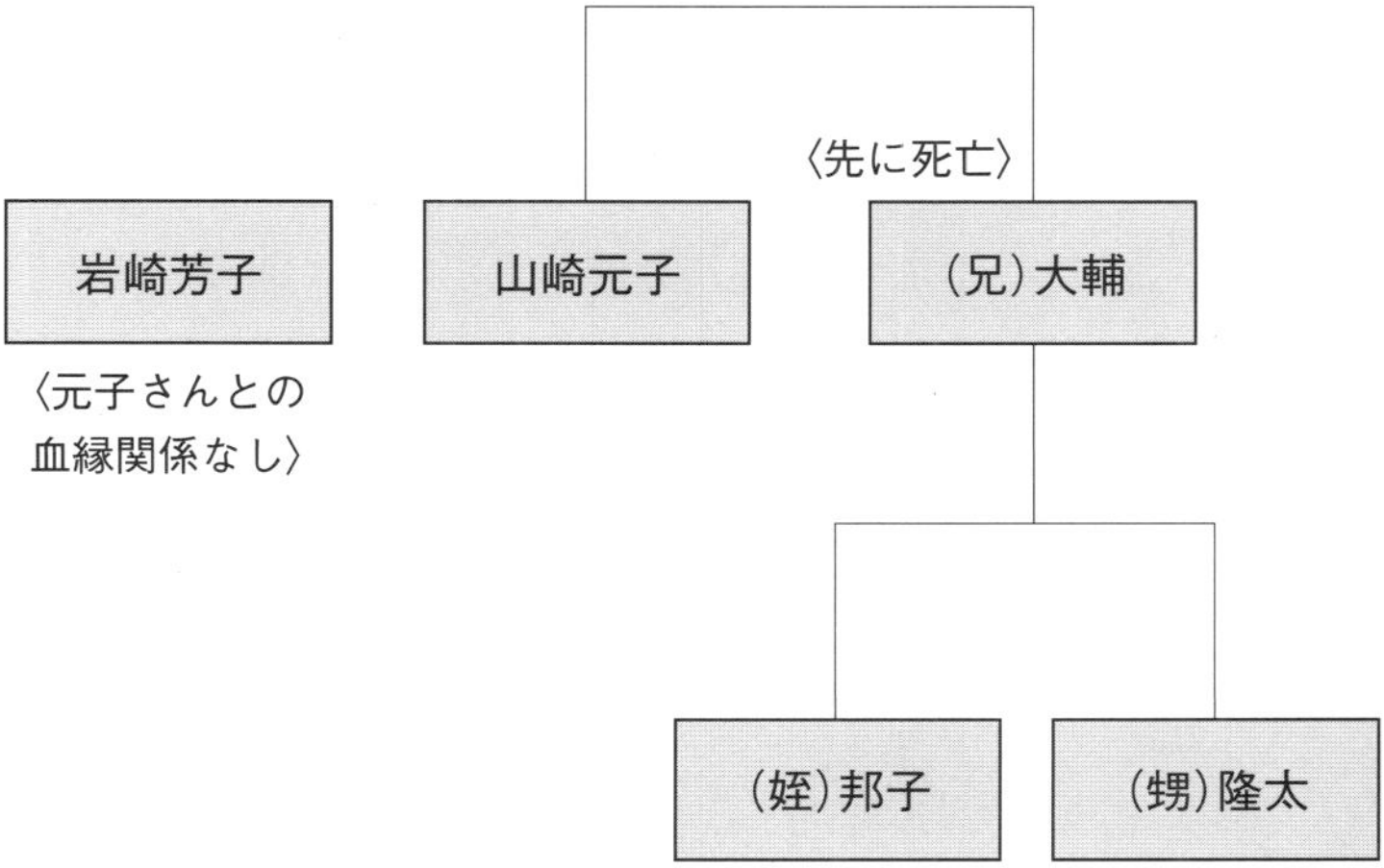

事例㉝　子供のいない夫婦には遺言書が必要

■夫婦で築いた財産なのに

田中太郎さん（68歳）と花子さん（66歳）は夫婦で裸一貫から飲食店を開きました。子供ができなかったこともあり、夫婦で仕事に打ち込み、仕事を生きがいとして働いてきました。

太郎さんの大胆かつ繊細な味付けが多世代の食通に高い評価を得て、さらに花子さんの行き届いた気配りと気さくな人柄が店の雰囲気を盛り上げ、これまで繁盛してきました。2人は、顧客が「美味しい！」と喜んでくれることがなによりの楽しみで、新しい料理を編み出すと、口コミで広がり、雑誌にも紹介され、3店舗まで広がっていきました。

ところがある日、太郎さんが心臓発作で倒れ、突然帰らぬ人となったのです。

店や貯金はすべて太郎さん名義です。遺言書は書いていませんでした。本店は店舗付き住宅で、2人はそこに住んでいました。私鉄沿線の駅前で、いまでは地価が高騰していますが、それほど広い敷地ではなく、評価額は4000万円、ローンの返済を終えたところです。あとの2店舗は賃貸です。3店目を出したばかりで、お金を使い果たしていたことから、太郎さんの遺産は店舗付き住宅と預貯金2００万円だけでした。

太郎さんの両親はすでに亡くなり子供もいないので、親族は亡くなった姉の子である勝男さんだけです。ほとんど交流はありませんでしたが、葬式のことを知らせました。すると、葬式が終わるやいなや、勝男さんは代襲相続人としての自分の相続分を要求してきたのです。法律のことなど何も知らず、当然太郎さんの財産は自分のものになる、と思っていた花子さんは驚きました。

太郎さんは遺言書を書いていなかったため、法定相続分どおりに分けると、妻

田中家のケース

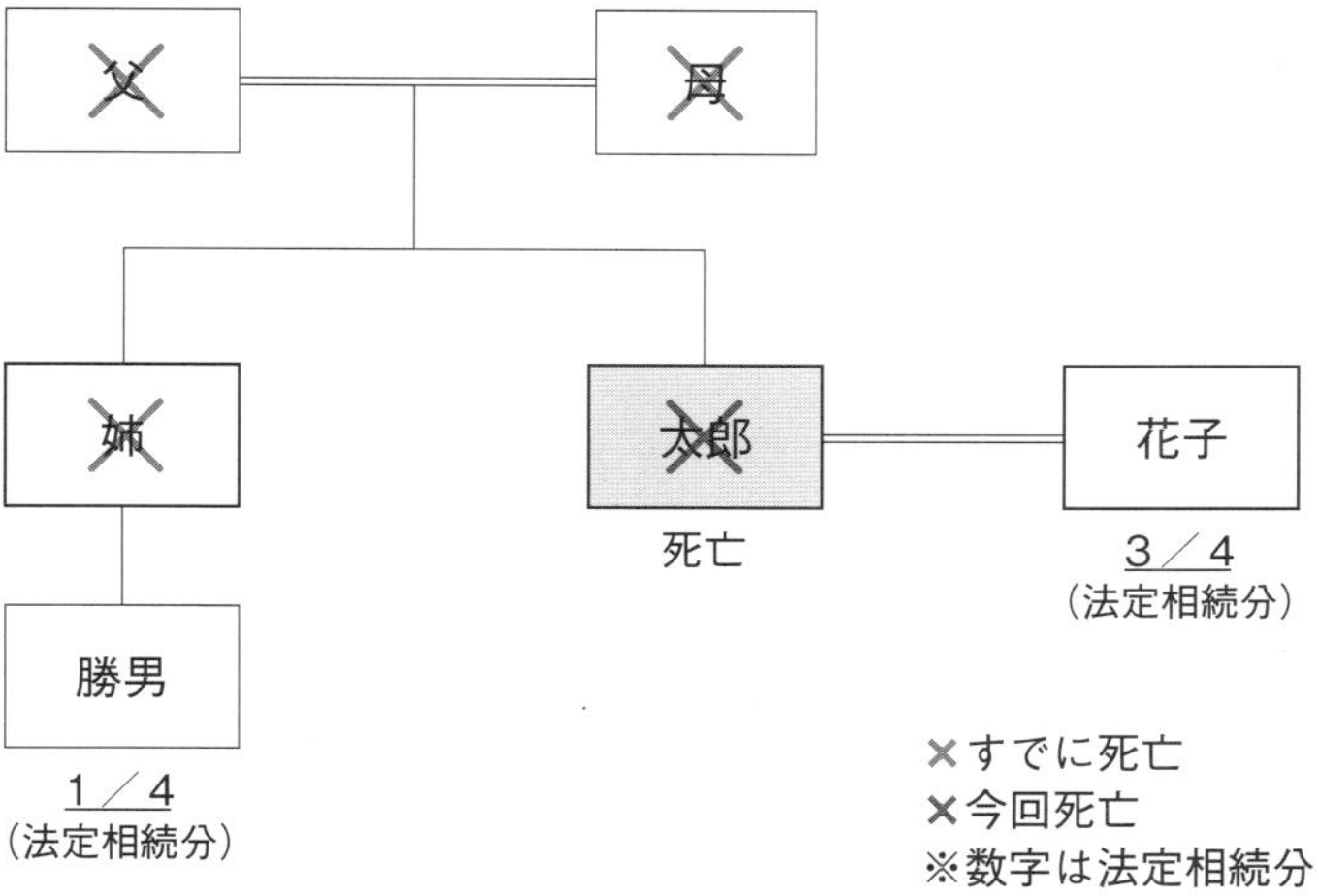

の花子さんが4分の3、甥の勝男さんが4分の1になります。花子さんは、太郎さんと2人で懸命に働いて借金を返し終えた店舗付き住宅を売却しないと、勝男さんに財産の4分の1を渡すことができません。花子さんは泣く泣くその店舗を売ることにしました。

太郎さんが「全財産を妻の花子に相続させる」という内容の遺言書を書いておけば、兄弟姉妹には遺留分がないため、その代襲相続人である勝男さんに遺産はいかず、店舗を売却することなくすんだのです。

遺留分

民法が相続人に保証している相続財産に対する最低限の権利のこと。遺留分の権利をもつ人は、①配偶者、②子（又は代襲相続人）、③直系尊属。兄弟姉妹には遺留分はない。

■親からの財産が妻に、いずれは妻の姪に

加藤正雄さん（76歳）は東北地方の地主で、妻と長男を亡くし、長男の子である孫の聡史さん（26歳）と2人で暮らしていました。正雄さんは先祖代々の広い敷地に建つ自宅のほか、道を隔てた敷地には10年前に建てた3階建ての賃貸マンション2棟を所有し、その管理もしていました。

正雄さんの二男章二さん（48歳）は地元で父の仕事を手伝いながらのらりくらりと生活

していましたが、5年ほど前に友人を頼って上京し、いまは小さな会社で働き、給与はやっと生活していける程度の額ですが、半年前、一目惚れした美子さん（33歳）と結婚しました。しかし、父の正雄さんは章二さんと美子さんとの結婚に反対でした。章二さんは、近いうちに父に美子さんを会わせ、どうしても了解してもらおうと思っていた矢先に、父の正雄さんが亡くなりました。

正雄さんは、相続人である章二さんと聡史さんに財産を相続させるにあたり、次の内容の遺言書を書いていました。

「東京に出て行った次男の章二さんには、自宅の土地の半分と賃貸マンション1棟、現金3000万円を相続させる。

一緒に暮らしている聡史さんには、自宅の土地の半分と家、賃貸マンション1棟、現金3000万円を相続させる」

これは、「章二さんにはいずれ地元に戻って、可愛がっている聡史さんを見守ってほしい」と考えて正雄さんが4年前に書いたものですが、章二さんが結婚したいまになると、大変問題の多い配分法でした。

なぜなら、甥の聡史さんとの心の交流を復活させ、自分も遺言書を書いておこうと思っていた矢先に、章二さんが交通事故で亡くなったのです。

章二さん自身の蓄財はありませんが、父からの相続により、実家の土地の半分、賃貸マンション1棟、相続税を支払った後の現金がほぼ残っています。その遺産を法定相続分どおりに分けると、妻美子さんに4分の3、甥の聡史さんに4分の1となります。

聡史さんにすれば、あの頼りない叔父である章二さんが相続した財産は、もともと祖父の残したもので、その4分の3は自分より7歳年上の見知らぬ叔母（美子さん）にいくということが耐えられません。「いま住んでいる家の土地が、自分とその人の共有になるなんて。祖父が建てた道を隔てた目の前の賃貸マンション1棟がその人の所有になるなんて……」と許せない気持ちでいっぱいです。

そこで、聡史さんは弁護士に相談しました。しかし、どうやっても自分には4分の1の相続分しかないことがわかり、美子さんの合意を得て、「章二さんが相続した自宅の土地の持分は聡史さんが相続する」という内容の遺産分割協議書を作成しました。これにより、加藤家の自宅の土地だけは共有にならずにすみました。しかし、目の前の賃貸マンション1棟と現金全額は美子さんが相続したのです。もし、このまま美子さんが亡くなれば、まったく赤の他人である美子さんの姪の由美さん（21歳）がこのマンションを相続することになります。また、美子さんが再婚すると、状況はさらに変わってきます。

正雄さんの死後、すぐに章二さんが亡くなり、加藤家の財産の多くの部分が美子さんの家系に流れてしまいました。もし財産を加藤家のものにしておきたかったならば、第1段階として章二さんが結婚したときに、父正雄さんが「自宅の土地と家と賃貸マンション2棟は聡史さんに継がせる」と遺言書を書き直しておくべきだったでしょう。それができずに正雄さんが亡くなったわけですから、第2段階としては章二さんが「田舎の実家の土地と賃貸マンション1棟は、甥の聡史さんに継がせる」と遺言書を書いておけば、財産は加藤家の血を引く人間が引き継ぐことができたかもしれません。

加藤家のケース

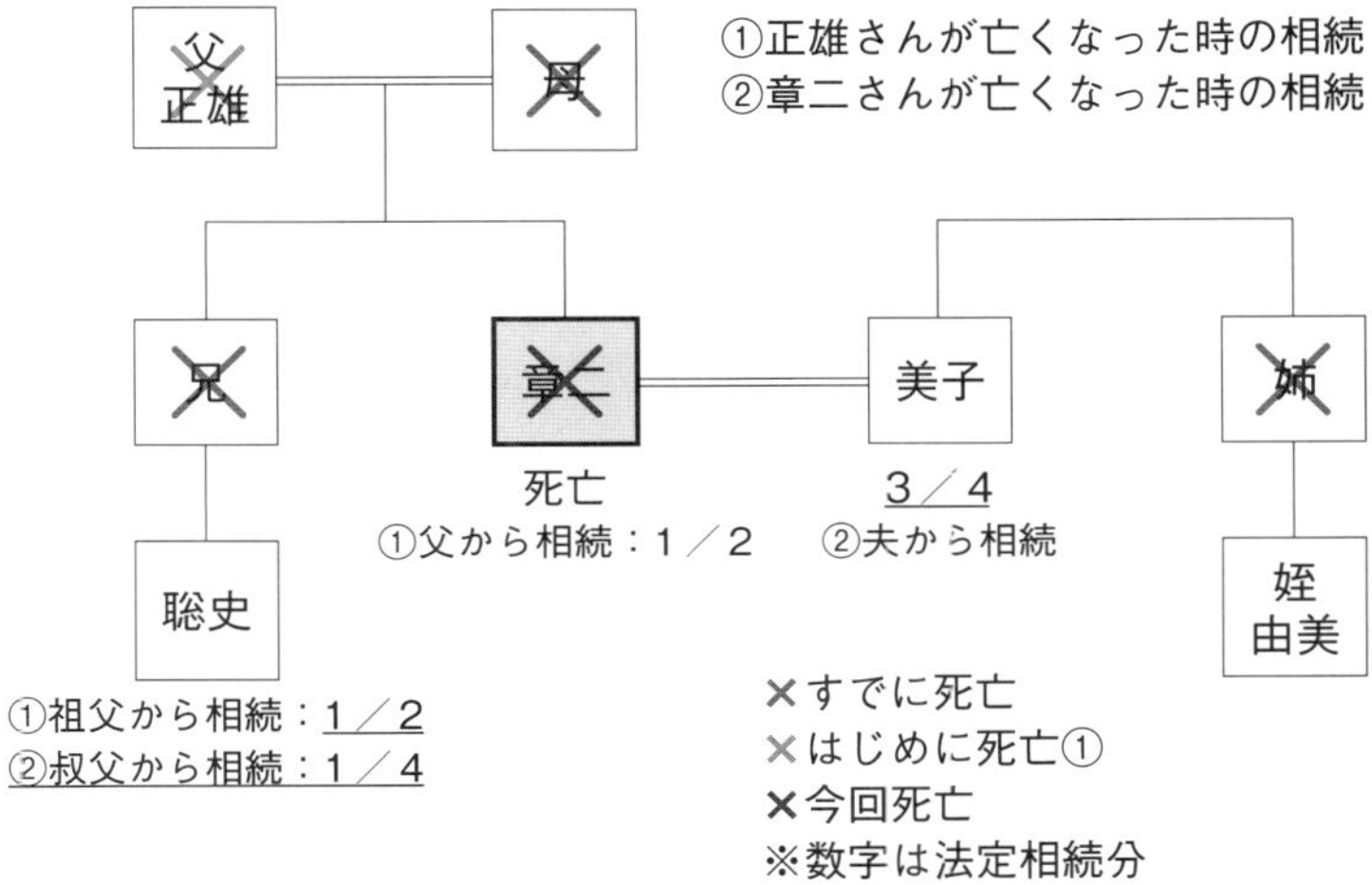

事例㉞

ひとり親に欠かせない遺言

未成年の子供をもつ、ひとり親家庭の人には、必ずやっておいてほしいことがあります。それは、遺言です。

「縁起でもないよ」「まだそんな歳じゃないわ！」と思われるでしょうか。未成年の子を養育する世代の人にとって、遺言という言葉の響きは自身とはかけ離れたものに感じられるかもしれません。

あるいは「うちには財産なんてないから……」と考える人もいるでしょう。しかし、たとえ縁起の悪い話でも、まだそんな歳じゃなくても、財産なんかなくても、ひとり親だからこそ絶対に考えておかねばならないことがあるのです。

それは「あなたに万一のことが起った場合、子供は誰に守り育ててもらうのか」ということです。

通常、子供の親権は両親が共同でもつものですが、ひとり親家庭の場合はどちらか一方の親がそれを担当しています。離婚をした場合などは、子供と生活をともにするほうの親が親権をもつケースが多いでしょう。しかし、もしそのたったひとりの親権者が亡くなってしまったら、子供たちはその後どうなってしまうのでしょうか。

自分の親（子供の祖父母）がかわりに養育する。生別の場合などは、子供のもうひとりの親（元配偶者）が親権者になる。このように状況によって異なりますので正解はありません。

子供本人や親族からの請求により、親族が家庭裁判所から『未成年後見人』に選任された場合には、その人が自分にかわって子供を養育することになるでしょうし、子供のもうひとりの親である元配偶者が家庭裁判所に『親権変更の申立て』を行い、それが認められた場合には、元配偶者が子供を引き取ることになるでしょう。なお、実親だからといって自動的に元配偶者に親権が移ることはありません。

あるいは身内と実親（元配偶者）の両者が互いに養育を主張し、争うことになるかもしれません。そのような場合、家庭裁判所は「子供にとってどうするのがいちばんいいか」という観点で判断を行うことになります。

ここで考えてみてください。**子供にとって何が最善かを最もよく知っているのは、現親権者にほかならないのではないでしょうか。**

万一の場合に備え、無用な不安や争いを避け、子供にとってより幸せな生活環境を用意するための最善の方法は、遺言を書くことです。

民法では、「未成年者に対して最後に親権を行う者は、遺言で、未成年後見人を指定することができる（第839条）」と定められています。よって、前述のような家庭裁判所の判断は不要となり、自分が最も信頼し、安心できる人に子供の将来を託すことができます。

多くのひとり親は、万一のために生命保険を準備していると思います。しかし、たとえ受取人を子に指定していたとしても、未成年者には単独で請求事務を行うことができません。必ず保護者としての未成年後見人のサポートが必要になります。これは、子供の生活に直結する預金口座などの相続手続についても同様です。すみやかにこれらの手続を行うことは、子供の生活を守ることにつながります。

本気で子供の将来を守りたいならば、まずは遺言を書きましょう。そして言わずもがなですが、岩にかじりついてでも生きていく気持ちが大切ですね。

事例35　遺言書の意図が不明で紛争に

武田春夫さん（75歳）が亡くなり、自筆の遺言書が出てきました。次男の秀樹さん（41歳）が、父春夫さんが生まれてから死ぬまでの戸籍謄本をすべて取り寄せ、母親と自分たち兄弟姉妹以外の相続人はいないことが確認されました。そして相続人全員が集まって、遺言書について家庭裁判所の**検認手続**が行われ、開封されました。筆跡についても、春夫さんのものであると確認されました。

武田家の家族構成は次頁の図のとおりですが、春夫さんの法定相続人は、妻はるみ（72歳・専業主婦）、長男進一（45歳・春夫の事業を補佐）、長女由美（43歳・専業主婦）、次男秀樹（41歳・会社勤務）の４人です。

春夫さんの遺言書には、以下の内容が書かれていました。

一、春夫、はるみが住んでいた世田谷の居宅は妻はるみに相続させる。

検認手続

自筆証書遺言の偽造や変造防止のために家庭裁判所で行う、遺言の存在確認と内容保全のための手続のこと。

二、進一夫妻が住んでいる府中市の居宅（これも春夫さんの財産）は、長男進一に相続させる。

三、由美夫妻が住んでいる川崎市の居宅は、長女由美に相続させる。

四、立川市にある貸家アパートは、妻はるみ、長男進一、次男秀樹の共有財産として相続させる。

五、右記以外のその他の財産は、すべて妻はるみに相続させる。

この遺言書は、亡くなる直前に書かれたもので、病のなかで自分の意思をなんとか伝えようという気迫を読み取ることができます。しかし、遺産配分に関する考え方などなんの説明もありませんの

武田家の家族構成

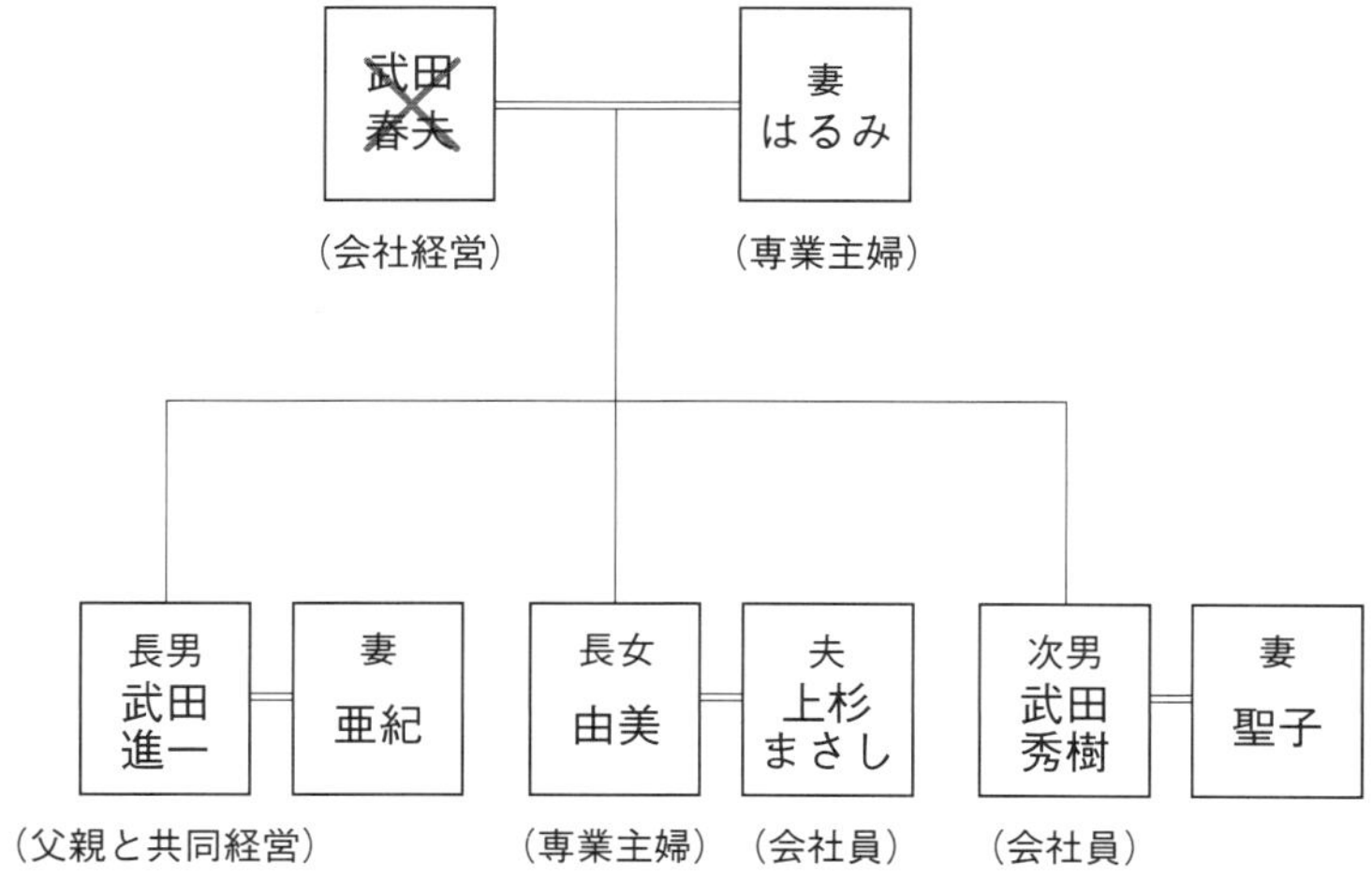

で、生前に春夫さんが配分についてどう考えていたのか知ることはできません。

進一さんは父親である春夫さんと長年一緒に事業を行い、春夫さんの事業を補佐してきたので、寄与分が認められる点に関しては、相続人の間で異論はありません。

しかし、この配分に納得いかないのは由美さんです。実はこの遺言書にある川崎市の家は、由美さんが結婚したときに、春夫さんが買い与えてくれたものでした。どういうわけか土地家屋の登記上の名義は進一さんになっていますが、固定資産税は由美さん夫婦が支払ってきましたので、「自宅は自分たちが父親春夫さんに買ってもらったもの」と思っていました。それなのにここでなぜ改めて相続財産として譲りうける対象としなければならないのかわからず、また自宅以外に自分の相続財産がないことについても、とても不満に感じました。

相続人全員の疑問は、由美夫妻の住んでいる川崎市の住宅の所有者が誰なのかということです。購入時に代金を払った春夫さんか、登記名義人の進一さんか、実際に居住している由美さんなのか。春夫さんが遺言書で由美さんに相続させると書いてあるので、春夫さんは自分の財産と考えていたのかもしれません。または、もう自分の財産ではないけれど、生前に与えた由美さんの家は相続分の前渡し、と考えていたのかもしれません。少なくとも進一さんは自分の財産とは思っていませんでした。

由美さんは、これまでを振り返り、春夫さんと親子の関係としてあまりうまくやってこなかった点が気になっていましたが、父親が自分に対してそれほど悪い感情をもっていたとは信じられず、誰かが父親に自分のことを悪くいったのではないかと疑いはじめました。


このため、由美さんはこの遺言書による遺産分割に納得できず、話合いは平行線をたどりました。相続税の申告期限が近づいているのに、いつまでたっても相続人間の同意が得られず、相続人全員に焦りの気持ちが出てきました。そこで秀樹さんが相続人全員と個別に意見調整を重ね、以下のような案を提示しました。

一、妻はるみより長女由美に、由美の遺留分相当額の現金を相続財産として渡す。
二、最終的に由美の自宅の登記名義人を、進一から由美に切り替える。

しかし、税理士にこの案を示したところ、次のような指摘を受けました。

「春夫さんが購入時に代金を支払った証拠が残されていないので、川崎市の住宅は進一さん所有とみなされる。進一さんから由美さんへ登記名義人を切り替えると、由美さんへの贈与とされる可能性があるので、贈与税の負担が大きくなる懸念がある」

そこで、遺産分割協議を再度行い次のようにまとめました。

一、遺言書では長男進一に相続される府中の住宅の一部を、長女由美に相続させる。

二、相続財産から川崎市の長女由美自宅（進一名義）を外す。

三、遺産分割後に、長女由美の持分（府中の進一自宅）を川崎市の由美の住宅（長男進一名義）と交換する。

最終的にはほぼ遺言書のとおりの分割になりましたが、由美さんの自宅について、なぜ進一さん名義になっていたのか、なぜ春夫さんが由美さんへの相続財産をこの自宅のみとしたのかについて、購入時の経緯や春夫さんの考え方を知る人がいなかったので、他の相続人に対する由美さんの疑惑がしこりとなって残りました。そして、相続人同士、特に兄弟姉妹である由美さんと、進一さん、秀樹さんの一家はその後ほとんど交流することがなくなり、兄弟姉妹の人間関係に亀裂が入りました。

春夫さんの遺産分割に対する考え方、特に由美さんが住んでいる川崎市の自宅を購入した経緯について、あらかじめわかっていれば、相続人はある程度分割に納得できたし、または問題点をあらかじめ知って、対策を打つことができたと考えられます。

このようなケースの場合、**遺言書に付言事項が書かれていれば、あるいは、エンディングノートに春夫さんの財産配分の考え方についての記載があれば、お互いがもう少し納得したうえで対応を考えることができた**と思われます。なぜなら、被相続人である父親春夫さんの意思そのものを尊重しようという考え方は、多かれ少なかれ相続人全員がもっていたからです。

遺産分割に伴う紛争が起きる原因として、各相続人の自分に都合のいい身勝手な思い込みによるものが多く、各相続人の配偶者も巻き込んで猜疑心の拡大膨張に発展することもあります。相続紛争の防止には、被相続人および各相続人同士のコミュニケーションが重要な鍵になっているといえます。

お役立ち情報 相続について

相続とは、亡くなった人の財産上の権利と義務を相続人がすべて引き継ぐことです。引き継ぐべき財産（相続財産）、引き継ぐ人（法定相続人）、引き継ぐ割合（法定相続分）などは法律で決まっていますが、遺言があればその内容が優先されます。また、法定相続分はあくまでも財産を分ける目安なので、相続人全員の合意によって異なる分け方をすることができます。

●相続財産

預貯金・不動産・宝石や会員権などプラスの財産だけでなく、住宅ローンや借金・保証債務などマイナスの財産も相続財産となります。

●法定相続人

遺言がない場合、相続人は民法で次頁の表のように決められています。配偶者は必ず相続人になり、第1順位の人が誰もいなければ、第2順位の人が相続人となります。第1順位である子が先に亡くなっている場合は孫やひ孫が、第3順位の兄弟姉妹が先に亡くなっている場合はその兄弟姉妹の子供である甥や姪が相続人となり、その人を代襲相続人と呼びます。事例㉚のように、第1順位の相続人がすべて相続放棄した場合にも、第2順位、第3順位の人が相続人になる点には、注意が必要です。

●法定相続分

民法で定められた各相続人の相続割合です。同じ順位に複数いる場合にはその人数で均等分割となります（たとえば、相続人が配偶者と子が2人の場合、配偶者は2分の1、子は4分の1ずつ）。ただし、遺言がある場合や相続人全員の合意がある場合には、法定相続分と異なる割合で分割できます。

●相続放棄

プラスの財産も、借金などマイナスの財産も含めてすべての財産を相続しないことです。相続放棄をすると、相続上その人はいなかったことになります。プラ

相続順位と法定相続分

①優先順位	相続人	②法定相続分
第1順位	配偶者	1／2
	子（死亡している場合は孫・ひ孫）	1／2
第2順位	配偶者	2／3
	直系尊属	1／3
第3順位	配偶者	3／4
	兄弟姉妹（死亡している場合は甥・姪）	1／4

スの財産よりマイナスの財産（借金）が多いときや、亡くなった人といっさい関係をもちたくない場合などに選択します。相続放棄の注意点は以下のとおりです。

① 自己の相続の開始を知った日から3カ月以内に行う（事情によっては延長可１６５頁参照）

② 家庭裁判所で手続を行う

③ ひとり単独で手続ができる

お役立ち情報

遺　言

遺産の分け方で、争いごとが続く「争続」や、家族同士が争う「争族」になることもあります。それを防ぐ有効な手段が「遺言」ですが、事例㉟のような中途半端な遺言や、独りよがりな遺言、遺留分に配慮のない遺言ではかえって争いの種になるおそれがあります。また、自筆証書遺言では法律に定められた書き方をしないと無効になるおそれがあります。

● **遺言は大きく分けて2種類**

日本で多く利用されているのは、自筆証書遺言と公正証書遺言です。それぞれのメリット・デメリットは下表のとおりですが、紛失や変造の少ない公正証書遺言がお勧めです。

● **遺言は最後の意思表示**

遺産の分け方は、法律的には遺言の内容が優先されます。ですから、たとえ親族でなくても、お世話になった人や大切な人・団体に財産を渡すことができます。また、付言で、財産の分け方の理由や感謝の言葉、仲良く暮らすようにという気持ちを伝えることもできます。

	自筆証書遺言	公正証書遺言
長　所	○作成が比較的簡単 ○費用があまりかからない ○内容を秘密にできる	○紛失に対応でき、偽造の可能性もない ○法律に詳しい公証人が作成するので、形式不備や内容不明が起こりにくい ○検認手続が不要なので、すぐに手続ができる
短　所	○全文を自分で書かなければならない ○紛失偽造の可能性がある ○形式不備による無効の可能性がある ○内容不明による相続争いの元になることがある ○筆跡でもめることもある ○検認手続が必要になる	○２人以上の証人が必要であり、内容を秘密にできない ○公正証書作成の費用がかかる

●遺言は何度でも書き直せる

気持ちが変わったときだけでなく、家族の状況が変わったとき、財産の内容が変わったときなどには、書き直すことができます。日付の最も新しい遺言が有効になりますので、古い遺言は破棄しておくほうがよいでしょう。

遺言の利点がわかっていても、実際に書いている人は多くはありません。遺言の書き方がわからない場合には、法律相談や公証役場などを利用するとよいでしょう。

また、せっかく遺言を残しても、その内容を確実に遂行してもらわないと意味がありません。遺言執行者を決めておきましょう。また、遺言があることを周囲に伝えておきましょう。公正証書遺言であれば、原本が公証役場に保管されます。**遺言執行者**に遺言を預けておくのもよいでしょう。信託銀行などが行っている遺言信託を活用する方法もあります。

遺言執行者

遺言の内容を実現する人のこと。遺言執行者は遺言で指定するか、家庭裁判所が選任する。

第5章

葬式・供養

■葬式について

一昔前は「元気なうちに葬式の話をするなんて縁起でもない」といわれ、また、葬式の形式はそれぞれの地方でだいたい決まっていたので、故人の意思を反映する術などありませんでした。

しかしいまは違います。最近の葬式は形式、祭壇のかたち、宗教の有無、規模など、かなり選べるようになり、自分の葬式の準備をする方も増えてきました。しかし、いくら準備をしても自分の葬式は誰かほかの方にやってもらわなければなりません。また、葬式は一度限りで決してやり直しのきかないセレモニーです。葬式を家族に任せる場合も含め、遺された方が後悔することのないよう、自分の希望を書き、書いてあることを遺される方に伝えておくことが大切です。

エンディングノートに書くのは希望だけではありません、事例㊴のような間違いがないように、誰に知らせてほしいのか、知らせるべきなのか、葬式に欠かすことができない菩提寺や家の宗教・宗派はぜひとも書いておきたい情報です。また、親せきや友人、知人の名簿も大事な情報です。親しい方などの連絡先がわからないと、知らせようにも知らせる術がありません。名簿には電話番号を書いておくことをお勧めします。準備している費用のことなども書いておくと遺された方の心配が減るでしょう。

■納骨・お墓について

いま、３人に１人が自分の入るお墓をもっていません。反対に、お墓はあってもそれを管理してくれる人がいなくて困っている人がたくさんいます。

先祖のお墓が遠い、その管理を誰に任せるのか、などお墓に関する悩みは尽きませんが、「あのお墓をどうしてほしいの？」と聞きたくても、死んだ人に聞くわけにはいきません。遺される人が迷わないように自分はどこに納骨してほしいのか、また供養はどうしてほしいのか、などの希望を書いておきましょう。しかし、納骨してくれたり、お墓を管理したり、お参りに来てくれたりするのは、遺された人たちです。その人たちの意見もよく聞いて、決めることが大切です。

事例㊱ 互助会の勧誘を受けて

■互助会のセールスレディがやってきた

数年前のことです、引っ越してきたばかりの京子さん（当時52歳）の家に、きんざい互助センターの年配の女性がやってきました。近くにある互助センターの会館で行われる見学会のお誘いでした。参加費無料で３０００円ほどのお料理の試食もできるようです。「葬式のことはまだまだ考えていませんから」と断ると、「積立金はお葬式だけではなく、都内にある立派な結婚式場での結婚式にも使え、そのうえいろいろなところの割引もありますよ」と、その女性は熱心に説明します。未婚の娘2人を抱えている京子さんにとって、ウェディングドレス代としても使える、というのは魅力でした。月々３０００円の１０６回払い、月３０００円なら出せない金額でもないし、いずれ葬式だって出さなきゃならないから、と思い、とりあえずその見学会に行きました。

見学会では、会館の見学、葬式の流れや費用の説明、最後に初七日の精進落しの幕の内を食べておしまいでした。この互助センターでは、会館をリニューアルして会員を積極的に募集しているようすで、50～70歳代の女性が30人ほど来ていました。京子さんが勧められた月3000円、106回払い、満期額31万8000円のコースは、「一般料金だと70万円の葬儀費用が31万8000円になり、しかも通常20万円かかる式場代がこの会館を使えば半額の10万円。ただし、葬式にはこのほかにも飲食代やお布施がかかります」との説明でした。

友達から、「お葬式に300万円ほどかかった」と聞いていた京子さんは、葬儀費用一式が42万円ほどですむなら、飲食代やお布施などを考えても安いな、と思いました。ただ、気になったのは祭壇が昔ながらの白木だったことです。「花いっぱいの祭壇にできますか」と聞いたところ、「もちろん花祭壇もできますが、多少追加料金がかかります」といわれてパンフレットをみると、花祭壇の特別家族葬プランは［会員証1口＋52万5000円］と書かれていました。ということは葬儀費用一式94万3000円、それほど安くないかも？　それにお料理もあまり美味しくなかったので、少し考えることにしました。隣の人も友だちと「ここの料理は美味しくないね」といっていました。

その後、親が加入していた互助会で葬式を行った友だち2人に、「互助会でお葬式してどうだった？」と聞きました。

■互助会でお葬式をした友だち

Aさんの両親は、10年ほど前に娘のAさんと同居するために神奈川から千葉に引っ越し、そのときに神奈川で加入していた互助会を千葉の互助会に移しました。お父さんが亡くなった時、すぐにその互助会に連絡しました。千葉では知人も少なく、親せきの数も少ないので「自宅近くで家族葬にしたい」と申し出たところ、「家族葬は取り扱っていない」といわれ、しかも会場は自宅から離れた互助会の会館を使うように強要され、結局15人しか参列しなかった葬式に120万円もかかったそうです。「お父さんは60万円のコースに入っていたのに、60万円も互助会に追加で支払ったのよ。担当者はコロコロ変るし、対応も悪かったから、お母さんのときには絶対その互助会は使わないわ」と話してくれました。

Bさんのお父さんは、30年ほど前に亡くなったお母さんの葬式代が130万円ほどかかったため、子供たちに迷惑をかけたくないからと、地元の互助会に1口30万円のコースを3口加入していたそうです。そのお父さんが昨年85歳で亡くなりました。父親の死亡後すぐに互助会に連絡し、父親の希望どおり「家族葬で」とお願いしたところ、自宅近くの会館で温かみのある葬式ができ、参列者は10名ほどだったので、ゆっくりとお別れができたそうです。その互助会は一般的な互助会と異なり、掛け金は葬式費用全般に利用することができるシステムになっていました。「葬儀費用は全部で90万円もかからず、余った積立金はお兄さんのときに使えるの。お父さんはその互助会が地元で評判がいいことを知っていたのかもしれないわ」と話してくれました。

■きんざい互助センターのケース

互助会でもいろいろあることがわかった京子さんは、このきんざい互助センターの内容について詳しく調べてみました。また、葬儀費用に詳しい人にも聞いてみたところ、次のような意見をくださいました。

一般的な葬式を行うなら、この互助会のコースに含まれる内容以外に火葬料、休憩室料、骨壺、遺影、ドライアイス、飲食代、お布施、返礼品、心付け、供花などの費用がかかります。たとえば、白木祭壇の周りを取り囲んでいる花は別料金です。親せきなどからの供花が少なければ、お花の少ない祭壇になってしまいますので、追加料金を払って飾ってもらうことになります。「葬儀一式が月々３０００円でできます」というのは、誤解を招く表現です。

きんざい互助センターの解約時の払戻金（パンフレットの記載例）

3,000円×106回のコース	
積立回数	払戻金
1～6回	0円
7回	1,300円
8回	4,050円
9回	6,800円
10回以上	6,800円＋1回ごとに2,750円加算
全額積立後	273,550円

また、「解約時には積立金が戻ります」との説明ですが、手数料がかかるため下表のように、6回目までに解約した場合、積立金はまったく戻ってきません。10回だと、3万円積み立てても払戻金は9550円、全106回終了後の解約でも、積み立てた額の86％、27万3550円しか戻ってきません。しかも「解約手続は、ご本人確認のため、原則として互助会本社で行います」と小さな文字で書いてあります。

その後何度も電話や訪問を受けましたが、お料理が美味しくなく、会館までの交通の便も悪いので、この互助センターに加入しないことにしました。ただ、葬式にはお金がかかることがよくわかり、少しずつ準備しておかなければと思いました。

お役立ち情報　互助会のしくみと注意点

冠婚葬祭互助会とは、冠婚葬祭サービスの提供を目的とした前払式特定取引業を行う事業者のことです。将来、冠婚葬祭サービスを受ける権利の代金を分割方式で前払いするシステムで、満期後は契約に見合った内容の葬式や婚礼などのサービスを受けられます（満期前でも、差額を払うなどの方法で利用は可能）。

入会にあたっては、次のような点に注意が必要です。

●提供されるサービスの内容と料金

積立金は葬式費用の一部にしかならず、それ以外の費用は追加請求されます。式場費用は無料、祭壇の料金は半額、などといかにもお得感を出していますが、そもそも割高に設定されているケースがあります。

また、積立金は所定のサービス以外には使えず、基本料のなかに含まれるサービスを使わなかったとしても、その分の返金はありません。たとえば基本料に貸衣装代が含まれているケースで、衣装を借りなかったとしてもその分の返金にはありません。また、指定の式場以外でサービスを使うときには料金が高くなることもあります。

●解　約

約款上解約はできますが、解約手数料がかかります（事例㊱参照）。また、解約に応じてくれない、手続が面倒などの苦情が多いのも事実です。

●互助会が倒産した場合

パンフレットなどに「互助会は国が許可した団体だから安心・安全」とうたっているところもありますが、国の許可を受けている業者でも倒産することはあります。互助会認可業者には、会員から預かったお金の2分の1を保全する義務があるので、倒産時の保証は預けた額の半額ということになります。

事例㊲

遺影の準備と家紋の確認

葬儀に参列することはあっても、喪主になることはそう多くはありません。いざ葬儀をあげるとなるとやることがたくさんあり、何から手をつけたらよいか困ることが多いものです。葬儀では遺影と家紋は必須ですが、両方とも普段気にしていないので、いざという時に慌てることがよくあります。

橋本さん（60歳・男性）も、いままで自分の家の家紋が話題に出ることもなく過ごしてきました。お父さんの葬儀に際し、葬儀社に「家紋は何か」と問われ、はたと困ってしまいました。父の親せきとはつきあいがなく、聞くこともできませんでした。留袖に紋をつける関係で、女性のほうが家紋について知っていると思ったのですが、母は認知症になり聞くことができません。母が過去にいろいろなことを妻に話していたのを思い出し、妻に家紋について母から聞いてないかと尋ねました。妻は母が「父の紋付を大事にとってある」といっていたのを覚えていたので、天袋にある行李のなかを探してみるといちばん下から紋付が出てきました。埃にまみれていましたが、紋はしっかりわかりました。その紋付にある家紋を写し、葬儀社の人にみせて、なんとか葬儀に間に合わせることができました。わからなければ好きな家紋でもよいですといわれましたが、橋本家に代々伝わる家紋がわかったことで、父の祖先からのつながりを表する家紋で見送ることができ、ほっとしました。

またお墓にも家紋が必要です。橋本さんは分家したので新しくお墓を建てましたが、お父さんの紋付が残っていたおかげで、本家とは別のお墓にも祖先から伝わる家紋をつけることができました。

橋本さんは家紋がわかり無事葬儀を終え、お墓を建てることができましたが、家紋は最近の生活のなかでは話題にのぼることはあまりありません。自然を愛する日本人によって植物、動物などを図案化した文様である日本独自の家紋は、長い歴史のなかで姿・用途を変えて現在まで伝わっています。機会をとらえてわが家の家紋を調べてみるのもよいかもしれません。

また**葬儀には遺影が必要ですが、どの写真を遺影にしたらよいか困ってしまうことも多々あります**。家族思いの橋本さんのお父さんは、旅行に行ったときの家族写真や会社の人とのスナップ写真はたくさんありましたが、自分ひとりでスーツ姿をしている写真は1枚もありませんでした。当時の橋本さんには、あらたまった服装の写真でないと遺影として使えないという思いがありました。仕方なくスナップ写真の顔と別のスーツ姿を合成して遺影にしてもらいましたが、弔問に来た人からは「ぜんぜん故人に似ていない写真ですね」といわれてしまいました。

みなさんにお焼香をしてもらうとき、遺影がその人を表す唯一のものです。弔問に来てくださった人には、たとえ普段着の写真でもその人となりを表す写真がいちばんだったと、橋本さんはかたちにこだわったことを後悔しました。

お墓にある家紋

最近は終活をテーマにした話題が多くなっています。亡くなることを縁起でもないとタブー視することなく、終末をセルフプロデュースしたいと考える人が増えています。自分の望む姿を親しい人々の心に残したいと、遺影のための写真を撮っておく人が増えていま

す。好きな服装で、好きなポーズで撮った写真を残すのもよいかもしれません。また、いままで写したスナップ写真のなかで気にいった1枚を遺影用に選んでおいてもよいですね。近頃は遺影用の写真を預かってくれる会社もあります。預かってもらっている場合は、家族にそのことを伝えておきましょう。

事例38　しこりを残した家族葬～家族葬で親族が締め出された～

いまどきのお葬式は「家族葬」がキーワードです。葬儀関係の広告には、「家族葬」「家族の思いを込めて」「家族だけで」などの言葉が散りばめられています。

しかし、秀雄さん（63歳）は、「家族葬」で心にしこりが残ってしまったそうです。10年ほど前に80歳前後で亡くなった秀雄さんのご両親の葬式は、当時はまだ珍しかった家族葬で行いました。参列者は子供である秀雄さん一家と、妹一家の2家族のみ。父親は自分の兄弟姉妹とは日頃つきあいがなく、母方の姉妹は冠婚葬祭に無頓着だったので、家族葬だからと文句をいわれることはなく、お葬式は家族だけで見送るのも悪くないと思っていました。

■私は「家族」ではない

そのようなこともあり、妹が60歳で亡くなった時には家族葬でも違和感は感じませんでした。ただ、まさか亡くなった妹のたったひとりの兄である自分が葬式に参列できないとは思ってもいませんでした。姪たちにしてみれば、母の兄は「家族」ではないということなのでしょう。妹が亡くなったという知らせとともに「葬式は自分たちだけで執り行いますので」といわれ、参列を拒まれました。

妹とは仲が悪かったわけではなかったので、参列できないことに納得ができませんでしたが、姪が来るなといっているのに押しかけていくわけにもいかず、悲しみと割り切れなさを感じました。そのとき初めて、**ひょっとして自分の両親の葬式の時にも、叔父や叔母たちにこんな悲しい思いをさせてしまったのではないだろうか**、ということに思い至りました。

姪の話では、「仕事が休めないので、遺体安置所に数日預けておく」とのことだったので、せめて死に顔だけでもみて別れをいいたいと思い、遺体安置所に確認してみると、親せきであれば対面できることがわかりました。妻と2人で出向き、亡き妹に線香をあげ、手を合わせることができました。しっかりと顔をみて別れを告げたことで気持ちが落ち着き、「妹は亡くなったのだ」という実感がやっともてたそうです。

■お骨だけ戻ってきた

それからしばらくして、姪から連絡がありました。「母の遺骨をそちらのお墓に納骨したいので来てほしい。霊園に聞いたらお墓の所有者の許可がないと納骨できない」とのことでした。「来るな」と言ったり、「来い」と言ったり、やれやれです。妹は離婚していて配偶者はなく、また姪は2人とも結婚しているので、実家のお墓に入れてほしいのでしょう。とはいえ、事前に納骨させてもらえるかどうかの確認もなく、納骨するから来いとは……と呆れました。ただ2人きりの兄妹なので、妹の遺骨の面倒はみようと引き受けることにしました。

それ以降、姪たちが墓参りに来た形跡はありません。お墓に入れてしまえば、後は知らないということかと思いながら墓掃除をしていると、つい力が入ります。もし、普通に葬式を出していればこの複雑な心の屈折はなかったでしょう。肉親の情というのは厄介な代物なのかもしれません。

事例㊴

菩提寺を間違えた

■泣き声の電話

10月20日の朝早く、知人が住職をしている関西の「錦財寺」に1本の電話がかかってきました。泣きながらかけてきたのは檀家の浜口ヒサさんの長女美佐子さん（68歳）です。第一声は「すみません、母が亡くなりました」。ヒサさんはもう90歳を過ぎ、病気と聞いていたので、「天寿を全うされたのですから」と慰めると、「違うのです、お寺を間違えたのです！」。それが泣き声の理由だったのです。

浜口さんは江戸時代中頃から錦財寺とのご縁があり、それが古文書に残っているようなお家の末裔です。お墓も寺の境内にあり、ヒサさんはご主人の命日、お彼岸、盆、正月に必ずお墓参りに来るような、ご先祖を大事にする人でした。しかし数年前に腰を痛めてからは施設に入られたとのことで、住職が命日にご自宅にお勤めに行くこともなくなっていました。最近では病院に入院しているとのうわさも聞き、心配していたところです。

美佐子さんが落ち着かれるのを待って話を聞くと、次のようなことでした。

亡くなられたのは10月15日。葬式は美佐子さんの家の近くの会館であげることになりました。葬儀社に「菩提寺がありますから」と伝え、さて「錦財寺」さんに電話しようとしたのですが、電話番号を書いた手帳を家に置いてきたことに気がつきました。困っているとお孫さんがスマホを持ち出して調べてくれました。スマホとは実に便利なもので、「きんざいじ」を検索するとすぐに「欣財寺」が出てきました。同じ宗派で、隣の市にあるお寺なので、すっかり安心して電話すると、すぐに枕経をあげに葬儀会場に来てくださいました。でも、いつもの住職さんとは違うので尋ねると、調子をあわせて、「息子です」といったそうです。欣財寺の住職には、戒名料と読経のお布施として約１００万円を支払いました。その後通夜、お葬式（初七日の法要含む）までも終わり、お骨となったヒサさんは自宅に戻ってきました。

あくる朝、やっと落ち着いた美佐子さんが仏壇にお供えをしてふと前をみると、「錦財寺」の日めくりが。「えーっ、漢字が違う」と、そこでとんでもない間違いをしたことに初めて気がつき、真っ青になって電話をかけてきた、というわけでした。

「本当にすみません、どうしたらよいでしょうか？」といわれるので、「ともかくお参りに行きます。向こうはさらっとお断りしてください」と答え、予定をやりくりしてなんとかその日のうちに浜口家に行き、あらためて「初七日」を勤め直したそうです。

美佐子さんは、「大好きなお母さんの葬式で菩提寺を間違え、縁もゆかりもない僧侶にお勤めをしてもらうなんて、お母さんに申し訳ない」と大変落ち込んでいました。

■お寺を忘れることも

錦財寺の住職は、欣財寺のしたことに呆れていました。というのは、その逆の間違い、つまり「欣財寺」を「錦財寺」と間違えて電話がかかってくることがたまにあるそうです。おかしいと思ったときには、よく相手の話を聞き「それは欣財寺で、うちではありません」と教えているそうです。特にスマホという便利なものができ、どこにいても簡単に検索できるので、このような間違いがほかの寺でもあって困っているとのことでした。その後、この住職は「自分のお寺の名前をきちんと伝えてこなかった自分の至らなさと、伝える・受け止めてもらうことのむずかしさを知った」と話していました。

というのもこのお寺には、以前にも葬式を全部すませてから菩提寺のことを思い出した檀家さん（西川さん）がいたのです。

夫婦2人で暮らしていた西川さんのご主人は長い闘病生活の末に亡くなりました。さてお葬式という段になって、少々お年を召した西川さんは家の宗派は覚えていたのですが菩提寺があることをすっかり忘れてしまったのです。誠意ある葬儀社であれば「菩提寺はありませんか？　お墓はどこにありますか？」と丁寧に聞いてくれるのですが、その葬儀社はたいして聞きもせずその宗派の僧侶を紹介し、西川さんは戒名まで授かってしまいました。葬式も終わり、さてお骨をどうしたものか、という段になって初めて錦財寺のことを思い出したそうです。

西川さんは、年に数回お墓参りもしていますので、決して菩提寺を疎かにしていたわけではありません。しかし気が動転していると、菩提寺があるという大事なことさえ忘れるのです。それは決して他人事ではありません。

■本来なら戒名を付け直し

さて、その後「戒名をどうされますか」と聞いたところ、浜口家としては戒名を付け直す意向がないようなので、欣財寺が付けた戒名のまま納骨したそうです。寛大な住職だったのでそれですみましたが、お寺によっては散々お叱りを受けた後に、「もう一度戒名の付け直しをしないと納骨できない」といわれたり、葬式のやり直しをいわれることもあります。そうするとまたお布施を包まなくてはならず、多大な出費になってしまいますので、菩提寺がある人やお寺の墓地に納骨する人は、くれぐれも菩提寺を間違えたり忘れたりしないように注意しましょう。

事例40 院号戒名を付けて大失敗

東京在住の遠山春子さん（75歳・女性）は、夫の秋夫さん（享年78歳）が亡くなり呆然としてしまい、戒名のことなど考える余裕もありませんでした。そんな春子さんを思いやってか、秋夫さんの知人が遠山家の菩提寺の住職から、**院号**戒名をいただいてきてくれました。「お布施は特別に30万円で話をつけてきたから」と得意満面です。立派な戒名は値段が高いと聞いていたので、格安で秋夫さんに良い戒名をもらえて良かったと家族みんなで大喜びしました。

ところがそれから数年後、秋夫さんの母が亡くなり、お寺から「息子が親より良い戒名というわけにはいきませんから、同じ院号戒名にします。この機会におじい様の戒名も院号戒名も付け直しましょう」といわれ了承すると、「前回は特別に30万円でしたが、相場はお1人100万円ですので」といわれびっくりしました。しかし、それなら普通戒名でというわけにもいかず、大きな出費となりました。夫の知人は裕福な資産家だった

> **院　号**
>
> 戒名のなかで院の字がついたもの。本来は、生前に相当の地位や身分、寺院への貢献、社会的な功績のあった人に与えられる。

ので院号戒名を付けるのが当たり前で、あとあとの負担のことまで思いが至らなかったようです。

春子さん自身の戒名は普通でよいと思っていますが、夫婦の戒名は格をそろえたほうがよいという人もいます。また、お寺への寄進なども院号戒名の人がいる場合は高めの金額を要求されるため、今後の維持費もばかになりません。「よく考えてみれば、夫はこういう権威付けを嫌う人だった。墓を継ぐ息子にも大きな負担を押し付けてしまうことになる」と、安易に院号を付けてしまったことを後悔しています。

日本人は無宗教といわれていますが、葬式となると話は別で、お坊さんに読経をお願いする人が圧倒的に多いのではないでしょうか。葬式の8～9割が仏式で行われているという調査結果もあるようです。

仏式の葬式の場合、多くの人が「読経代や戒名代として払うお布施の額がわからない」と悩み、終わった後には「思ったより高かった」といいます。**お布施の額は、宗派の違いや戒名の種類、寺の格式や僧侶の考え方などによって異なるので、相場や妥当な金額というのがわかりにくい**のです。

仏式でする場合には、お通夜とお葬式、火葬場での読経を菩提寺の僧侶に依頼します。

最近では、火葬の後に続けて初七日の**法要**を行ってしまいます。葬式は戒名なしでもできますが、葬式の前に戒名（法号、法名という宗派もあり）を付けることが多いようです。一連の読経と戒名を付けていただいたこと、すべてのお礼としてお布施を渡します。

院号戒名などの立派な戒名をいただくと、戒名料だけで50万円～150万円、読経料も含めると総額では100万円以上になることも珍しくありません。院号より格上の「院殿」では数百万円から数千万円という事例もあります。院号は寺に特別貢献した人に授けるという考えなので、お布施もそれなりに高くなるわけです。

身内が亡くなったときには気が動転しているので、文字数が多い戒名を付けるのが供養になると考えがちですが、そういうことはないそうです。本来戒名というのは2文字の部分のみであり、仏の世界ではみな平等と考えられています。無理をして立派な戒名を付けることが、必ずしも故人を尊重することにはなりません。

値段のことや仏式の葬儀を嫌がって、戒名などいらないという人もいます。もちろん戒名がなくても仏式の葬儀を営むことはできるので問題はありません。しかし、その人の遺

法　要

故人を偲び供養するための仏教行事。初七日と四十九日以外は、遺族のみで行うことが一般的。四十九日が忌明けとされ、以後、一周忌、三回忌などの年忌法要となる。

骨を寺院墓地に埋葬するなら戒名は必要です。また戒名は付けてあればよいというわけでなく、他の宗派や寺の僧侶が付けた戒名では納骨できないのが一般的です。

お葬式の前後はやること考えることが多く、時間もないため、葬儀社や親せき、知人に尋ねて決めることになりますが、自分たちの立場や考え方にあったアドバイスを受けられるとは限りません。春子さんのような失敗をすることだってあるでしょう。

菩提寺がある人なら、宗派を調べておくのはもちろんのこと、年に一度くらいは住職と顔をあわせ、いざという時のことを相談しておいてはいかがでしょう。遠方にある菩提寺であれば、葬式のときに住職ご本人が来られないこともあるので、かわりの人をどうやって手配したらよいかということも尋ねておきたいものです。

戒名の問題は、突き詰めれば宗教観の問題です。そもそも自分はどういう見送られ方を

戒名の基本形

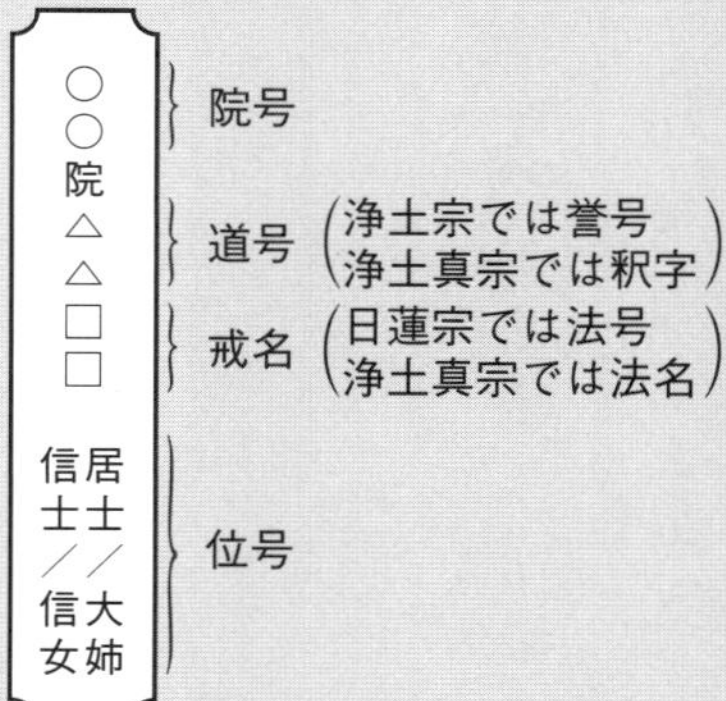

※宗派によって形式や名称が異なります。

したいか、じっくり考えて遺族に希望を託しておくとよいですね。

なお、**葬式の時に支払ったお布施は、葬式費用として相続財産から控除できます。**他の親族への支払いの証拠として、また相続税の申告で必要になることもあるので、領収書を受け取っておきましょう。

事例41

お寺とのつきあい方

都内のある寺のご住職の奥さんは、「お寺とのつきあい方をきちんと家族に伝えておいてほしい」と、常々いっています。

■ **お寺の悩み**

最近の檀家さんのなかには、お墓の管理費は銀行口座に振り込み、年一回の**施餓鬼供養会**や**護持会**にも一度として参加はせず、お盆やお彼岸にお墓参りに来ても本堂に上がることもなく、住職に声もかけずに帰ってしまう人がいるそうです。法事も行わず、葬式があってもお知らせいただけないこともある、と嘆いています。

核家族化で住まいが遠くなった、などの理由はあるにせよ、お寺と檀家のコミュニケー

施餓鬼供養会

施餓鬼会（せがきえ）ともいわれ、各宗派を通じて行われる仏教行事の一つ。お盆の時期に行われることが多い。

護持会

寺院の檀信徒が菩提寺を守るための集まり。

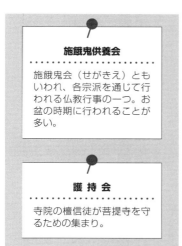

ションが薄れ、寂しさを感じることが多いそうです。かつてのようにお墓参りの折にお茶を飲みながら、ゆっくりとご先祖の思い出話や日常の話をすることはほとんどありません。仏教を身近に感じてもらいたいと、定期的に写経会や外部から講師を呼んでセミナーや勉強会を開催していますが、若い人の参加は少ないそうです。お参りに来る方の気持ちが少しでも安らぐよう、気持ちよくお参りができるようにといつも墓地や庭を丁寧に手入れをし、本堂も廊下も手洗いも清潔に保っていますが、どうしたら寺や仏教に親しんでもらえるのか悩ましいそうです。

■お気持ちだけは無料ではないのに

先日も法事があり、お経をあげた後に、「お布施はいくらですか?」とお聞きになるので「お気持ちだけで、よいのですよ」というと「そうですか。大変ありがとうございました」と嬉しそうに深々とお辞儀をされ、そのままお帰りになったそうです。寺は営利を目的としていませんが、ご先祖をお預かりし供養してお布施をいただくというシステムも理解してほしい、と話していました。

「姑と同じお墓に入りたくないがどうしたらよいか」「ペットと一緒に入れるお墓はない

か」との相談も多くなり、お墓に対する考え方は昔とは変わってきています。ただ、お墓の管理費や法事のお布施など、お寺とのおつきあいの方法などはきちんと伝えておく必要があると感じるこの頃です。

事例㊷

わが家のお墓選び

多くの方がお墓の悩みを抱えています。

自分の入るお墓があるが、墓を受け継いでくれるか心配な方。

自分が入るお墓はあるが、墓が遠方で墓参りが不便、できれば現在の住まいの近くに墓を移したい方。

お墓をもたず、自分の入るお墓は自分の代で準備する必要がある方。

都心部では約6割の方が将来自分の墓が必要になると答えているそうです。


家族みんなが納得する墓選びをするのは、大変な作業です。家族形態が変化し、それぞれの家庭事情によって考え方も多様化しているからです。種類が多すぎて、どれが自分の希望をかなえる墓なのか選びきれないという声も多く聞きます。

わが家もお墓をどうしようかと悩んでいました。家庭の事情もあるので、まず、いくつかの条件をあげ、それを満たすお墓を選ぶという手順を踏みました。あちらこちらを見学し、家族で話し合って1年かけてやっと購入した、わが家のお墓選びの顛末です。

■わが家の事情と条件

お墓のことを考えるときに、私（48歳・女性）には心配なことがありました。それは、遠方にある私の実家の先祖代々の墓の承継です。

父が亡くなった後、独身の長男（私の弟）が祭祀承継者となり、檀家として菩提寺とのつきあいを果たしてきました。その弟が急死し祭祀承継者不在になってしまったのです。その結果、他家に嫁いだ私がその任を受け継ぎました。

現在、わが家の息子（23歳）は独身で結婚の予定はなさそうです。いまは、実家の墓の手入れや管理を息子も一緒にやっていますが、将来的にその墓を承継するのは自分には荷が重く、できれば遠慮したいといっています。

夫の実家のお墓は、近くに住む夫の兄が守っています。夫はそのお墓の近くに、わが家のお墓を建てようと考えていたようです。息子は、私たちと同じお墓に入るつもりでいるようですが、息子が未婚のままだとわが家のお墓は私達世代と息子世代の二代で承継者がいなくなり、いずれは無縁仏になります。それを考えると、従来の個別墓を建てることに躊躇してしまいました。

墓の手入れや寺とのつきあいなどに不安を感じている息子は、維持管理の負担が軽くすむお墓を望んでいますし、その点は、私も同じ考えです。

さらに私の望みは、寺が直接、管理・運営してくれるお墓です。表面的にはわかりにくいのですが、管理や運営は別会社が行っているにもかかわらず、宗教法人としてのお寺が前面に出て、あたかもお寺がお墓を管理運営しているように錯覚してしまう霊園もたくさん見受けられました。

さて、そのようなわが家の事情を考えて出た条件は、次のような項目です。このなかでもいちばんに考えたのは、次世代に負担をかけないお墓を選ぶことでした。

1. 立地は自宅から1時間以内
2. 墓の管理に手間をかけたくない
3. 承継者は子（現在独身）の代まで
4. 墓の管理・運営は寺が直接行っている
5. 墓の使用可能期間を選べる
6. 管理料の支払いは一括払いが可能
7. 承継者が途絶えたら合葬式**永代供養墓**に移れる
8. 宗派はいまのまま（改宗したくない）

永代供養墓

墓の承継者がいない場合でも、菩提寺が永代にわたって供養と管理をする墓のこと。

9．私の実家の墓の**改葬**が可能（夫の家の宗派と私の実家の宗派は異なる）

■条件をクリアしたお墓

お墓を購入する前に、いろいろなお墓の説明会へ何度も参加しました。説明会がないときは、直接訪問をして情報を収集しました。何箇所か下見をして、その結果を家族に話し、興味をもてたお墓は家族で見学に行きました。そして、やっとわが家の希望にあったお墓を手に入れることができました。最初に書いた九つの条件は、次のようにクリアできたと思っています。

1．立地↓自宅から電車使用で35分。自動車使用で45分
2．管理の手軽さ↓墓の掃除、除草の心配なし
3．承継↓現時点で息子の代までの承継でもよい
4．墓の管理・運営↓寺が直接、管理・運営を行ってくれる
5．墓の使用可能期間↓選択可能
6．管理料の支払い↓年払い・複数年払いが可能
7．承継者が途絶えたら永代供養墓に移れる↓永代供養墓へ移れる

改　葬

すでに埋葬されている遺骨を別の墓に移して供養すること。

8．宗派はいまのまま→いまのままで問題ないが、寺の宗派に改宗すると、法事や戒名などで有利なことがある

9．私の実家の墓の改葬→実家の宗派はそのままで改葬可能

永代供養墓であっても、せめて子の代までは独立した個別墓のスペースがほしいということで「個別式納骨堂」の永代供養墓に決めました。

将来、もし私の実家のお墓の改葬が必要になっても対応できる大きめの厨子を選び、その厨子に家紋を入れたり、○○家の字体を選んだり、承継者に息子を指名したり、といろいろな手続はありましたが、一通り終わっていまは気持ちが楽になりました。

■実家のお墓の行方

私の実家は、家族に協力してもらいながら私の体力がある間は私が守っていく予定です。

菩提寺の住職も時代のニーズを考えて、近い将来、寺の境内に合葬式永代供養墓の建立を考えているようです。そのときはぜひお世話になりたいとお願いしておきました。それが実現すれば、先祖にとっても、地元の親せきや縁者にとっても近くで墓参りができてよ

あなたにぴったりのお墓はどれ

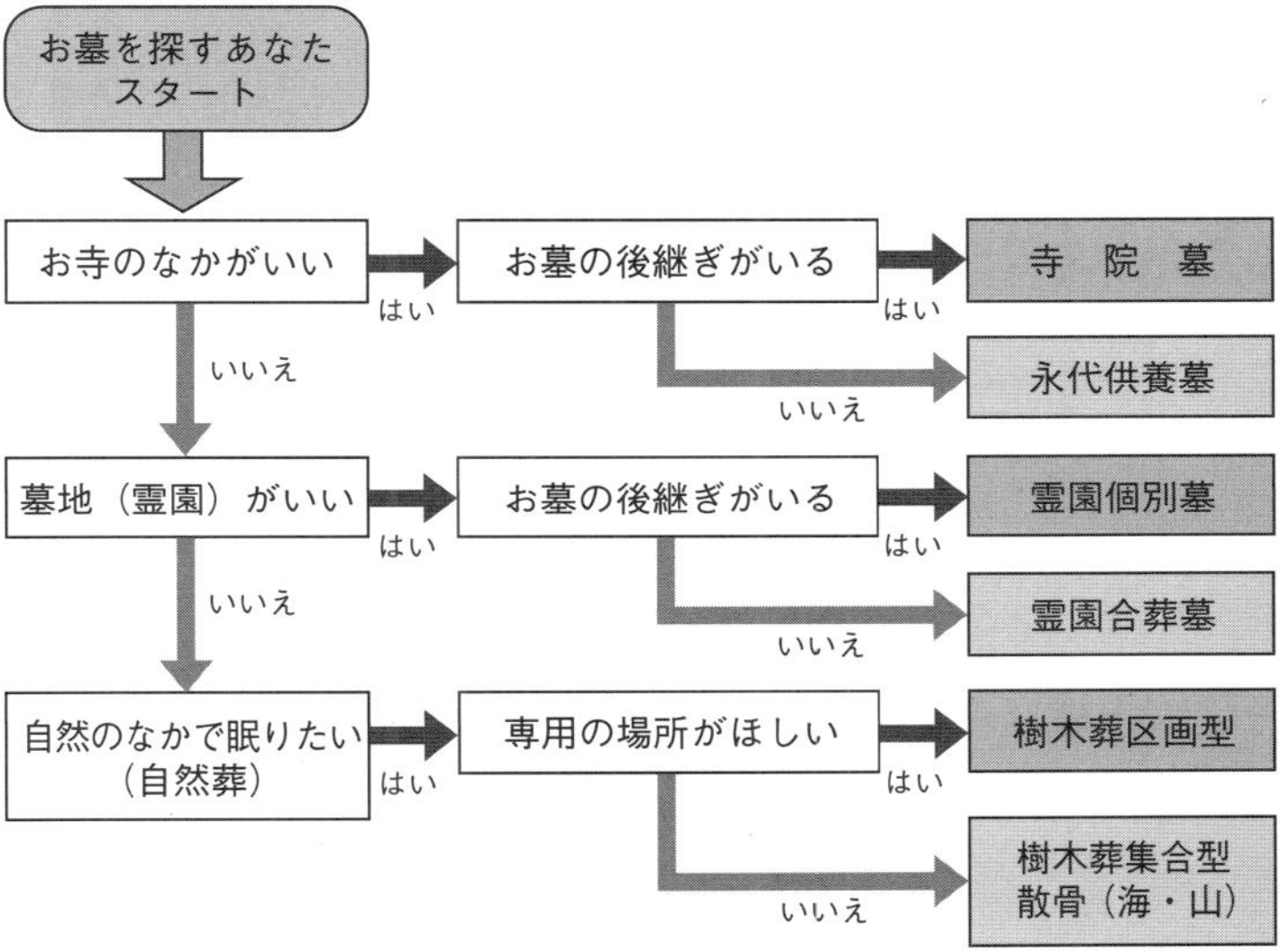

いのではと、いまから心待ちにしています。将来、実家のお墓は菩提寺の永代供養墓に改葬するか、わが家のお墓に改葬するのかはわかりませんが、見通しだけはできたと胸を撫でおろしています。

お役立ち情報　墓地の種類

【墓地の種類】

お墓は許可を受けた墓地にしかつくることができません。墓地を経営できるのは地方自治体、公益法人、宗教法人です。墓地の管理・運営母体により「公営墓地」「寺院墓地」「民営墓地」の3種類に分類します。公営墓地と民営墓地は、「霊園」と呼ばれることもあります。

●公営墓地

自治体が設置・管理・運営する墓地のことです。自治体が経営するので安心でき、しかも比較的安価なために、都心では競争倍率が非常に高い墓地もあります。宗教・宗派は自由です。

●寺院墓地

寺院の境内等にあり、寺院が檀家のために設けている墓地のことです。そのお寺の檀家になることが条件です。過去の宗派を問わず受け入れるお寺もありますが、お墓建立後はその寺の宗派になります。また、お墓を建てたり納骨したりする際の石材店が決まっているお寺も多いです。

●民営墓地

公益法人または宗教法人が経営している墓地のうち、宗教・宗派を問わない墓地のことです。「宗教・宗派を問わない」とうたっていても、過去の宗派は問わないが、契約後は寺のやり方での法要をしなければいけない墓地もあります。また、形式上の経営者は宗教法人でも、宗教法人の関与は少なく、実質上は石材店が管理しているような墓地もありま す。事例㊷のケースでは、お寺の敷地内にある納骨堂ですが、改宗の必要がありませんので、民営墓地に分類されます。民営墓地では、指定石材店でしか墓石を購入できない、墓石のかたちが決まっている、などの制約のある可能性もあります。

お墓を決めるには、事例㊷のように、実際に見学に行き、墓地の管理者と会って話をすることが大切です。疑問がある場合には、どんどん質問して、慎重に選びましょう。

事例㊸

お墓があっても入れない？

一郎（65歳）さんは3年前に妻を亡くして以来、月命日には欠かさずお墓参りをしています。両親も眠るその墓までは自宅から車で1時間以上はかかりますが、桜並木の土手沿いを季節の移ろいを感じながらドライブするのも楽しみで、よく妻と2人でお墓参りに行きました。小規模で家族的な寺なので住職とも気さくに話ができたし、お盆やお彼岸には檀家の集まりもあり「墓友」もできています。

一郎さんの父が亡くなった時はバブル崩壊後まもなくで、墓地の価格はかなり高い時期でした。仕事で忙しい一郎さんは、父親の墓探しは妻と母に任せきり。一郎さん夫婦には子供がいないので合葬墓のような墓がよいとは思っていましたが、当時そのような墓はまだ少なく、「ロッカー式」と呼ばれたりして一郎さんの母や妻は好ましく思っていませんでした。そんなとき、郊外のお寺を紹介されたのです。価格も予算内であったし、少々遠くても物静かな父が眠るにはふさわしいお寺、と納得し購入しました。なによりも母と妻が喜んでいるのが嬉しかったものです。

父が亡くなった10年後に母が亡くなり、その7年後に妻が亡くなりました。葬式の時でも住職がすぐに来て枕経をあげてくださったので、父が亡くなったときのように、不安に感じることはありませんでした。通夜も告別式も滞りなくすませることができ、菩提寺があることのありがたさを感じた一郎さんでした。そしていま、両親と妻が眠る墓は一郎さんの心の拠り所となって、自分も当然この墓に埋葬してもらえる、と信じています。

しかし、墓の承継者のいない自分が亡くなった場合どうなるのか、このまま何もしなければ、現在の墓は無縁仏になってしまうのではと、とても不安になってきました。一郎さんは「数年後に寺の共同墓地に移されることになったとしても、いったんはこの墓に埋葬してもらいたい」と願っていたため、寺に相談して、永代供養をお願いすることにしました。

住職は一郎さんの思いを快く引き受けてくださり、承諾も得ることができました。安心した一郎さんは、埋葬とその後の手続を甥に依頼して、その旨をエンディングノートに書いておきました。

事例44

長女がお墓を相続

■実母の死

大阪府に住む門口智子さん（40歳）は2人姉妹の長女です。10年前に結婚しましたが、なかなか子供に恵まれず数年前から不妊治療をして、やっと子供を授かりました。夫の康宏さん（41歳）はもちろんのこと、舅・姑も大喜びですが、待ちに待った妊娠をいちばん喜んだのは、実家のお母さんでした。地主の跡取り息子と結婚し、最初はうまくやっていけるのかと心配し、次にはなかなか妊娠しないことにやきもきし、といって娘に直接いうわけにもいかず、ひとり気をもんでいました。妊娠を知らせるとお母さんは張り切って、「産後は赤ちゃんを私がみてあげるから大丈夫だよ」と早くもエールを送っています。

ところが、そのお母さんに進行性の胃がんが見つかり、治療の甲斐なく、待望の赤ちゃん誕生の半年後に帰らぬ人になりました。

智子さんのお父さんのお墓は神戸の民営霊園にあり、九州にあるお父さんの実家の菩提寺とはおつきあいもしていません。お父さんはすでに亡くなっているので、お母さんの葬式の喪主は智子さんが務めました。葬儀社に実家の宗派のお寺を紹介してもらい、夫と娘と一緒にそのお寺に挨拶に行きました。そこの住職は岩田家（智子さんの実家）のお墓の有無と納骨をどうするのかを尋ねた後、おもむろに切りだしました。

「門口さんでしたら、菩提寺は○○寺さんですよね。こちらとは宗派が違いますが、今後お墓のことをどのようにお考えですか？」

お墓のことなど何も考えていなかった智子さんは困惑して、「母は父が入っているお墓に納骨しようと思っています」と答えました。住職は、「まだ娘さんも生まれたばかりで、お墓のことは考えていないでしょうが、あなたには、門口家のお墓と、岩田家の二つのお墓がありますよね。今後この娘さんに二つのお墓の面倒をみてもらう気持ちはないでしょう。それなら将来どうするか考えておかないとなりません。親御さんがきちんと考えておかないと、お子様がどうすればよいか迷ってしまいます。娘さんにお母さんの実家のお墓まで押し付けるのはかわいそうです」と続けます。

■実家のお墓

実は、智子さんの父岩田武夫さんは若い頃に九州から関西に出てきました。武夫さんの父三郎さんは三男だったのでお墓はありませんでした。武夫さんは当時住んでいた神戸で、海がみえる丘にできた霊園にお墓を建て、両親と夭逝した妹をそこに葬りました。

お母さんのお葬式を無事に終えた智子さんは、まず妹の頼子さんと話しをしました。次女の気軽さゆえか、頼子さんにはお墓をみる気持ちはまったくなく「家のことやお墓の面倒をみるのは長女であるお姉ちゃんの仕事、近くにあるペットのお墓ならもらってもいい」と言い出す始末です。そこで、康宏さんともよく相談して、智子さんが実家のお墓を継ぐことを決め、手続をしました。この霊園の場合、墓地を承継するための必要書類は次のとおりです。①霊園の承継申請書　②霊園の使用承諾書　③使用者死亡記載の戸籍謄本　④申請者の戸籍謄本　⑤申請者の印鑑証明書　⑥申請者の誓約書　⑦喪主等、祭祀を主宰していることが確認できる書類〈使用者の葬儀一式費用の領収書、法事の施行証明（寺院発行）等の原本〉　⑧実印　⑨手数料　1万500円　⑩使用者から承継申請者へ戸籍上のつながりが確認できる改製原戸籍謄本等

お墓の承継も無事終わり、両親の供養を自分がするので、智子さんは仏壇を家に置くことにしました。そこで、自宅に岩田家の仏壇を置くことを承諾してもらいに門口家に行ったところ、お舅さんから「ご先祖を粗末にするほうがどうかと思う」といって、快諾していただきました。いまでは康宏さんが朝のお茶をあげてくれることもあるそうです。

「自分が元気なうちは岩田家の墓も門口家の墓も両方守り供養もするが、できなくなっ

たら岩田家の墓は永代供養墓に改葬しようと考えています。改葬先は父が気に入っていたこの霊園の永代供養墓にするか、葬式をお願いしたお寺にするかはまだ決めていません。ただ、その時に備えお金の準備だけはしておくつもり」と話していました。

「母の死をきっかけに、両家のお墓のことをしっかりと考えることができてよかった。また、夫や舅・姑が気持ちよく受け入れてくれたことに感謝している」との言葉が印象的でした。

事例㊺

手元供養と永代供養墓

斎藤美和さんは、50代の独身女性です。外資系企業に勤務し、海外出張や残業もこなし忙しく充実した生活を送っています。正社員として働いてきたので経済的には恵まれており、心配のない老後を送れそうです。両親はすでに他界しており、今度は自分自身の老後の準備をしようと考えて、成年後見制度などの勉強会に参加しました。

実は、美和さんは自分の亡き後、お墓をどうしようかと悩んでいました。

父が亡くなった当時、まだ美和さんは若く母親も健在だったので、双方の親せきや父の勤め先など幅広い関係に連絡して、葬式には多くの人に参列してもらいました。父は次男でお墓はなかったので、自宅近くの霊園にお墓を建てて納骨しました。

2年前には、母親も亡くなりました。仲良くしていた母の妹や従妹、母の趣味のおけいこ仲間の数人を呼んで小さなお葬式を行いました。母亡き後、一人暮らしは寂しさが身に染みたので、母の遺骨は父の墓に納骨せず、家に置いています（**手元供養**）。お骨の一部

手元供養

遺骨を自宅に保管し供養の対象とすること。

でペンダントもつくりました。

美和さん自身は永代供養墓を契約するつもりです。また、専門家と死後事務委任契約を結んでいるので、お墓に入っている父の遺骨、手元にある母の遺骨も、自分の遺骨と一緒にその永代供養墓に入れてもらうように依頼してあります。

現在、美和さんは、相変わらず忙しい仕事をこなし、休日には趣味の旅行などを楽しんでいます。変わったのは、老人夫婦の傾聴ボランティアと高齢者施設のお手伝いを始めたことです。これには、自分の入りたい施設を決める目的もあります。老後のこと、死後のことを決めたいまは、仕事でも余暇でも充実した日々を送っています。

〈著者紹介〉

NPO法人 ら・し・さ　http://ra-shi-sa.jp/

「NPO法人 ら・し・さ」は、人生の後半期に訪れる、介護、住まい、葬式、お墓、相続などのさまざまな心配ごと、特にお金の問題に関する情報を集め、整理して提供し、皆様のお手伝いをするファイナンシャル・プランナー（FP）を中心とした団体です。

著書に、『家族も安心「自分」の引継ぎノート』（きんざい）等があります。

『家族も安心「自分」の引継ぎノート』

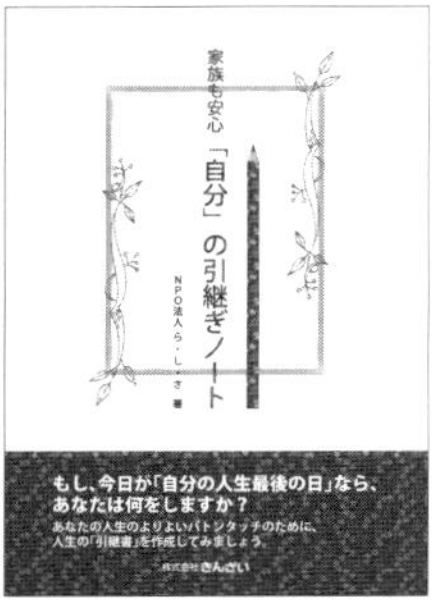

本書は、NPO法人ら・し・さが作成したエンディングノートです。自分の思いや、残された人へのメッセージなどを気軽に書き記すことができます。多くの人の実際の体験や、ファイナンシャル・プランナーとして受けた数々の相談をもとにつくられており、多くの方にご好評をいただいております。

人生のよりよいバトンタッチのために、人生の「引継書」を作成してみませんか。

◉B5判・64頁・定価（本体1,000円＋税）

〈主要内容〉

1．**はじめに**　引継ぎノートが必要な理由／本書の使い方
2．**自分について**　支えてくれている人の連絡先／感謝の気持ち、思い出の写真／自分史／趣味、おつきあい／家系図、戸籍の調べ方／親せき・友人・知人名簿
3．**資産**　預貯金など／保険、生命保険の覚書／年金（公的年金、私的年金）／借入れ／不動産／その他の資産・財産
4．**医療・介護**　持病や常用薬／かかりつけの病院／要介護時の希望／財産管理について／終末医療の希望
5．**後見・相続**　成年後見制度について／相続の基礎知識／遺言書の基礎知識／資産配分の希望／遺産分割協議書の作り方
6．**葬式・供養**　葬儀の希望／葬儀の流れ、各種リスト／お墓や供養について

終活のリアル
──どうしてあの人はエンディングノートを書くのか

平成27年3月23日　第1刷発行

著　者　NPO法人ら・し・さ
発行者　小　田　　徹
印刷所　株式会社日本制作センター

〒160-8520　東京都新宿区南元町19
発 行 所　一般社団法人 金融財政事情研究会
編 集 部　TEL 03(3355)2251　FAX 03(3357)7416
販　　売　株式会社きんざい
販売受付　TEL 03(3358)2891　FAX 03(3358)0037
URL http://www.kinzai.jp/

ISBN978-4-322-12635-8